Troll
La Reine

Du même auteur chez le même éditeur :

Troll, Le Roi, roman, 2005

Troll, La Reine, roman, 2005

Troll, Le Trésor, roman, 2005

JOHN VORNHOLT

LA REINE TROLL

traduit de l'américain par Désirée Szucsany

LES INTOUCHABLES

Les Éditions des Intouchables bénéficient du soutien financier de la SODEC, du Programme de crédits d'impôt du gouvernement du Québec, du PADIÉ et sont inscrites au Programme de subvention globale du Conseil des Arts du Canada.

LES ÉDITIONS DES INTOUCHABLES
2316, avenue du Mont-Royal Est
Montréal, Québec
H2H 1K8
Téléphone : (514) 526-0770
Télécopieur : (514) 529-7780
info@lesintouchables.com
www.lesintouchables.com

DISTRIBUTION : PROLOGUE
1650, boulevard Lionel-Bertrand
Boisbriand, Québec
J7H 1N7
Téléphone : (450) 434-0306
Télécopieur : (450) 434-2627

Impression : AGMV Marquis
Infographie et maquette de la couverture : Benoît Desroches
Illustration de la couverture : Omar Rayyan

Dépôt légal : 2005
Bibliothèque nationale du Québec
Bibliothèque nationale du Canada

ISBN 2-89549-142-9

À Louis

CHAPITRE PREMIER

RETOUR À MOISIS-LES-PRÉS

« Regardez-moi ça ! », chuchota une troll. Elle désigna la silhouette corpulente de Ridicula qui passait près d'elle, affublée d'un sac de toile et munie de ses longues griffes. Ridicula redescendit le pont qui vacillait sous son poids et, d'un pas lourd, elle s'éloigna rapidement, feignant d'ignorer ses soi-disant amies qui continuaient à murmurer dans son dos. « Croyez-le ou non, mais Ridicula s'imagine qu'elle va épouser Rollo, notre héros. Ha ! quelle andouille ! »

Les trolls jacassaient à voix haute pour que Ridicula les entende. Il n'y avait pas si longtemps, ces gros sacs à poil auraient foulé son ombre pour lui plaire et obtenir ses faveurs. Ridicula était devenue la risée de tous, parce que cet âne de Rollo l'avait tout bonnement délaissée. Bien sûr, il les avait *tous* abandonnés, aussi bien les trolls que les ogres et les gnomes en refusant de devenir leur roi. Au lieu d'accepter, il s'était enfui en direction de Bois-Joli pour y ramener la dépouille de son amie, la petite fée Chipie.

La brave troll avait de la peine à croire tout ce qu'elle avait entendu récemment à propos de Rollo. Bien sûr, il avait été trollnappé, ainsi que la moitié du village, pour construire un pont au-dessus du Gouffre. Cela n'était jamais arrivé auparavant, mais, grâce au pouvoir du défunt sorcier Styxus Rex, Rollo était devenu un des rares trolls à savoir voler. La suite de l'histoire était encore plus difficile à croire et relevait de la légende.

Rollo avait-il vraiment volé au-dessus du Gouffre ? Et ce afin de combattre les elfes et de se lier d'amitié avec une fée qui s'appelait Chipie ? Comment en était-il arrivé à se rebeller contre Styxus Rex et à devenir un hors-la-loi ? Ce revirement avait-il suffi à convaincre une meute de trolls de se révolter contre le sorcier ? Tout cela devait être vrai, puisque Styxus Rex et ses horribles goules n'étaient plus là. Tout le monde vénérait le nom de Rollo ; même les ogres voulaient le consacrer roi de Crachoutos.

Tout ce dont Ridicula se souvenait, c'était ce charmant troll qui la suivait partout avec un air compassé et plein d'amour. Où était-il ? Plus que tout, elle voulait être la reine de Crachoutos, mais ce niais de Rollo lui manquait. Il n'avait pas assez de nœuds dans les cheveux, ni assez de bosses ou de verrues, mais il était aussi gros et fort qu'un ogre. Il était drôle, aussi.

Mais s'il était ici, je lui arracherais les poils du nez un par un ! se dit la jeune troll.

Ridicula donna un coup de talon avec colère. Elle commit une grave erreur, car le pont céda sous son poids. La troll potelée traversa une deuxième planche puis une troisième, tomba sur une corde et demeura suspendue par l'aisselle. Ses pieds traînèrent dangereusement au-dessus de l'eau trouble tandis qu'elle agitait sa main libre dans la mince brume. Sur l'autre pont, ses amies hurlaient au secours et vinrent à sa rescousse. Ce fut une seconde erreur.

Leur poids fit craquer d'autres planches, et tout le pont suspendu commença à s'écrouler dans le sombre marécage. Hurlant de peur, ses amies reculèrent vers le tas de boue le plus proche où elles demeurèrent blotties les unes contre les autres, à moitié mortes de peur.

Ridicula ne comprit pas pourquoi elles cédaient à la panique jusqu'à ce qu'elle vît la nappe d'eau se déchirer. Un énorme tentacule s'éleva dans sa direction, lui chatouillant les pieds. Comme il faisait nuit, elle ne pouvait rien voir d'autre que cet appendice et cela suffit à la faire ruer. N'ayant aucun endroit où poser les pieds et rien qu'elle pût agripper sinon une corde glissante, elle s'agita en vain dans le vide. Soudain le tentacule géant s'éleva, s'enroula autour de sa cheville et l'entraîna dans les ténèbres.

La corde se rompit sous son bras et Ridicula dégringola dans le liquide infect. Elle se débattit malgré l'emprise des six tentacules qui l'enveloppaient et se glissaient jusque dans sa bouche. C'était une erreur de la part du poulpe, car Ridicula était déjà en furie. Elle enfonça ses crocs dans la chair visqueuse, et le monstre recula sous l'effet de la douleur.

Quelqu'un survint pour lui porter secours en faisant descendre une lanterne et elle aperçut une racine sur la rive boueuse. D'un mouvement brusque, la troll s'agrippa à la racine et se hissa hors du marais puant.

Le poulpe continuait à enserrer son torse et à essayer de l'entraîner au fond, mais Ridicula n'allait pas combattre le poulpe dans l'eau. Ses amies poussaient des cris d'encouragement et une ou deux d'entre elles descendirent pour venir l'aider. Ridicula les ignora. Elle était fâchée… Fâchée contre la vie et plus particulièrement contre Rollo.

Renâclant et maugréant, la troll se traîna dans la gadoue du Morne Marais sous le pont brisé de Trollville.

Le poulpe eut l'heureuse idée de se glisser dans le marécage avant qu'elle ne l'empoigne; il ne voulait pas lui servir de petit-déjeuner. Hors d'haleine, Ridicula demeura allongée près d'un taudis jusqu'à ce qu'elle reprenne assez de forces pour se relever.

En se redressant, elle rugit:

– N'y a-t-il pas quelqu'un qui répare ces vieux ponts?

Le vieux troll qui tenait la lanterne se pencha au-dessus d'elle en hochant la tête. Puis il leva la lampe près de son visage et Ridicula reconnut Kronck, le maître artisan des ponts. Il avait l'air malade et honteux.

– Plus personne ne répare les ponts, marmonna Kronck. Tout le monde a cessé de travailler depuis que Styxus Rex a trollnappé la moitié du village. Ils ne sont jamais retournés au travail, pas plus que les autres qui avaient réussi à se cacher. À présent, personne ne travaille! Les ogres ne sont plus là pour nous y forcer et il y a encore de la nourriture au camp du sorcier. Quand il ne restera plus de tartes aux sangsues...

Le vieux troll agita la tête, ses longues oreilles battant au vent.

– Aidez-moi à remonter ! cria Ridicula à ses amies.

Plusieurs d'entre elles se penchèrent pour la hisser au-dessus du monticule où la foule avait grossi.

Ridicula nettoya sa robe de toile, brossa sa fourrure emmêlée et trouva une sangsue qui se tortillait en essayant de s'enfuir. Elle attrapa la bestiole et la mangea, puis elle regarda ses amies. Celles-ci la dévisageaient, les mâchoires tombantes et l'air blasé, comme si regarder une troll tomber dans le marais était leur seul divertissement.

Kronck avait raison. Depuis le départ de Rollo, ils avaient tous perdu le nord. Ils se levaient chaque nuit et sortaient, errant dans Trollville comme une bande de goules, sans ambitions ni désirs. Pour la première fois, de mémoire de troll, ils n'avaient ni patron ni maître. Cette liberté leur avait apporté la paresse, non pas le bonheur.

Elle chercha Kronck du regard et vit le constructeur en train de poser une corde devant la section du pont qui s'était effondrée. À la craie, il dessina le signe « en réparation » sur une souche, mais Ridicula doutait fort qu'il soit réparé bientôt. Le village n'était qu'un réseau de ponts branlants et, heureusement, la plupart d'entre eux étaient encore assez solides pour supporter le poids d'un troll. *Mais pour combien de temps ?*

– Nous avons besoin de Rollo, déclara Ridicula.

Comme ça, je deviendrai la reine, pensa-t-elle.

– Je sais que nous avons besoin de Rollo, répondit Kronck en secouant ses épaules voûtées et velues. Mais comment le retrouver ? Il est retourné au Gouffre. Lui, il peut voler, mais pas nous.

– Peut-être existe-t-il un chemin dont nous ignorons l'existence, dit Ridicula d'un air décidé. Nous ne pouvons pas abandonner la partie. Il nous a quittés depuis quinze jours, il devrait déjà être de retour. Peut-être a-t-il des ennuis ? Même si nous ne réussissons pas à le retrouver, il vaut mieux le chercher que de rester assis ici à se tourner les pouces. Ça sera une... voyons, comment dit-on ?

– Une quête ! lança une voix.

Ridicula se retourna et aperçut la grosse Pouillane, la sœur de Rollo, se frayant un chemin à travers la foule. *En voilà une qui est assez brave pour me suivre !*

– Tu m'accompagneras dans ma quête ? demanda Ridicula avec espoir.

– Oui, mais nous avons besoin de tout le monde, dit Pouillane. Nous risquons de déclencher une guerre contre les fées et les elfes si nous traversons le Gouffre. Les ogres sont de bien meilleurs guerriers que nous et il serait bon que quelques-uns d'entre eux nous accompagnent. Nous leur demanderons des chevaux. Qui est le gnome qui les dirige ?

– Nabo, répondit Kronck en soupirant. Mais je ne crois pas qu'il soit plus maître que je ne le suis.

– Bien, nous allons chercher de l'aide, fit Ridicula en renâclant. Mais c'est moi qui mène.

Pouillane plissa ses yeux porcins en regardant Ridicula.

– Nous faisons cela pour tout le monde, pas seulement pour toi, déclara-t-elle. Et surtout, nous le faisons pour Rollo. Nous voulons seulement qu'il soit heureux, d'accord ? Et je suis plus âgée que toi, donc c'est à moi de mener.

– Alors, va chercher ta propre équipe ! répliqua vivement Ridicula. Ceux qui me suivent doivent comprendre que c'est moi qui commande. Et les chevaux serviront à transporter des provisions et non pas à être mangés.

Pouillane se renfrogna et Ridicula lui sourit.

– Je vais épouser ton frère et, le jour où je deviendrai la reine de Crachoutos, je ne veux pas que mes sujets croient que j'ai mangé des bêtes de somme.

– Cause toujours ! marmonna Pouillane.

La future reine continua de sourire, songeant à la fête qui aurait lieu une fois que Rollo serait sauvé. Et ce soir-là, le roi lui demanderait sa main en guise de reconnaissance.

Moisis-les-Prés portait bien son nom : les champignons formaient de merveilleuses bandes grises s'étirant à travers une plaine de chardons. C'était le plus bel endroit de Crachoutos, disait-on. Ridicula trouvait que ça ressemblait à une montagne balayée par une tempête de neige noire, dans le genre de celles qui sévissaient au nord du volcan. On disait que l'on pouvait manger les champignons, mais c'étaient les champignons qui dévoraient tout.

Parce que c'était un lieu des plus enviables, Ridicula et Pouillane s'attendaient à voir des gens habiter dans les parages de Moisis-les-Prés. Elles avaient entendu dire que la crème de la société des ogres vivait dans la vallée ; le père de Rollo affirmait même que les trolls y avaient déjà habité. À présent l'endroit était désert, à part les structures de vieilles tentes dont les panneaux battaient au vent. Tout en marchant, leurs pieds écrasaient les champignons, distillant dans l'air un lourd parfum de donjons humides et froids.

Elles passèrent devant de profonds terriers en traversant la vallée. Il était tentant de regarder dans les trous sombres et d'imaginer les créatures qui y vivaient. Des gnomes et des ogres y étaient peut-être enfouis à cette heure-ci. Il faisait presque nuit.

Ne devrait-il pas y avoir une sentinelle ou un garde? se demandait Ridicula.

– Ça ne peut pas être Moisis-les-Prés, dit Pouillane avec un sourire méprisant.

– C'est ce que le sentier indique, répondit Ridicula. C'est ici. Quel autre nom cet endroit pourrait-il porter?

– Alors pourquoi toutes ces tentes déchirées? demanda Pouillane.

Ridicula haussa les épaules.

– Pourquoi nos ponts se sont-ils effondrés? Nous vivons des temps étranges. La ville de Crachoutos ne ressemble pas à celle qu'ont connue nos parents. Tu as un frère qui peut voler et renverser un sorcier puissant et les fées sont si mignonnes qu'elles nous font rire. Et les elfes aussi, je le crains.

– Crois-tu vraiment que les gnomes nous aideront dans notre quête? lança Pouillane.

Ridicula fit quelques pas devant le paysage désolant.

– Qu'ont-ils à perdre?

Au bout de quelques minutes de marche, Ridicula s'arrêta près d'un terrier, le plus gros du genre. Un large tunnel s'enfonçait sous le sombre terreau couvert de champignons.

– Je crois que nous devrions y entrer, dit-elle.

– Descendre là-dedans? demanda Pouillane en ravalant sa salive. Nous allons être coincées.

– Imagine que c'est un de nos terriers, répondit Ridicula en s'agenouillant. Il faut peut-être descendre davantage mais nous finirons par dénicher quelqu'un.

Ridicula rampa, plongeant la tête la première dans le terrier bordé de lianes dégoulinantes et d'étranges ossements. Le vieux tunnel qui était au début d'un angle assez aigu se transforma rapidement en une pente boueuse. Avec un petit cri, la troll potelée glissa sur le ventre le long de ce tunnel et se retrouva dans le vide. Ridicula se roula en boule et s'écrasa dans un tas de paille humide. Allongée sur le sol boueux et froid, elle tentait de reprendre son souffle quand elle entendit un autre cri au-dessus d'elle.

Elle s'écarta du chemin et Pouillane dégringola à son tour. Celle-ci émit un grognement, s'enfonça dans la paille et se redressa en postillonnant.

– Chut! fit Ridicula.

Pouillane cessa de babiller et les deux trolls jetèrent un coup d'œil à gauche vers une petite flaque de lumière brillant au bout du tunnel. Le repaire était un labyrinthe avec des passages qui serpentaient de haut en bas et des galeries s'ouvrant à gauche et à droite. Elles crurent sage de ramper jusque-là et de s'emparer de la torche. Ridicula marcha d'abord en position accroupie, puis elle se rendit compte qu'elle pouvait se redresser. Seules ses longues oreilles poilues frôlaient le plafond de la caverne.

En approchant de la torche vacillante, Ridicula et Pouillane virent sur les murs des marques laissées par les ogres et d'autres tunnels se creusant dans l'obscurité.

– C'est plutôt sec par ici, chuchota Pouillane. Tu sais, cet endroit n'est pas si mal. Si les ogres et les gnomes ont déguerpi, je pense que nous pourrions l'adopter pour les trolls.

– D'abord, il faut trouver Rollo, insista Ridicula. Veux-tu porter la torche ?

– Elle ne nous servira pas à grand-chose si nous la laissons au mur.

Tout en parlant, Pouillane saisit la torche enflammée et la retira de son support en fer. Le support s'enfonça dans le mur, et la torche s'éteignit aussitôt.

– Oh, oh, dit Ridicula, en entendant des pas furtifs.

Dans l'ombre apparurent des filets qui retombèrent sur elles de chaque côté. Les trolls tentèrent de s'échapper, les mains pointées vers l'avant, mais il était trop tard. Plusieurs filets les enserraient et, à force de se débattre, elles tombèrent sur le sol. Au loin une cloche résonna mais, malgré le signal d'alarme, les ogres ne se manifestèrent pas.

– Et quoi encore ? cria Ridicula.

– Ce sont les arbalètes des ogres, souffla Pouillane. Elles devaient être dissimulées dans les murs et nous avons déclenché le piège.

– Nous ? dit Ridicula.

– D'accord, c'est moi qui l'ai fait. Mais ils savent que nous sommes ici à présent.

Ridicula répliqua d'un air maussade :

– À moins, comme tu le dis, que cet endroit ne soit désert. Ah, j'ai un bon couteau dans mon sac, ajouta-t-elle en se contorsionnant dans les épais filets, s'empêtrant davantage à chaque mouvement. Si seulement je parviens à l'atteindre.

– Garde ton énergie, chuchota Pouillane, quelqu'un vient vers nous.

Ficelée comme un salami, Ridicula réussit à regarder sous son bras. Une silhouette massive se profilait en bas dans l'ombre du tunnel et elle entendit des pas glisser. La silhouette s'approchait, un énorme gourdin sur l'épaule. Le géant souleva les déflecteurs de sa lanterne, déversant un flot de lumière sur les deux amies.

– Bon, voyons ce que nous avons ici ? grogna-t-il. De la visite ? De quelle tribu êtes-vous ?

Ses énormes défenses brillaient dans la nuit tandis que l'ogre se penchait pour les examiner. Ses yeux rouges s'écarquillèrent de surprise.

– Des trolls ?

– Vous attendiez des elfes ? demanda Ridicula. Nous sommes venues rencontrer vos chefs.

– Les chefs ! s'exclama l'ogre en laissant échapper un rire ironique. Ne me reconnaissez-vous pas ? Je suis Masticor, l'ancien capitaine de la garde... quand il y avait encore quelque chose à garder.

Il sortit un couteau et gronda, et Ridicula constata qu'il avait vieilli et maigri. De plus, il bougeait lentement comme s'il avait été rossé au cours d'une bataille.

– Vous, les deux trolls, je devrais vous écorcher, grommela Masticor, pour tous les problèmes que vous nous avez causés.

– Des problèmes ? demanda Ridicula. Les ogres n'étaient-ils pas prêts à couronner

Rollo ? N'étiez-vous pas heureux qu'il vous ait libérés de Styxus Rex ?

Masticor grogna.

– Nous l'avons été pendant quelque temps. Mais Rollo est parti. Et puis, peu d'ogres le connaissaient. Tout ce qu'ils ont su, c'est qu'ils se sont réveillés une nuit, et que le sorcier et les goules étaient partis. Ils étaient libres de faire tout ce qu'ils désiraient. Croyez-vous qu'ils étaient prêts à passer leurs jours à surveiller les trolls ? Ou à construire des baraques ? Non, ils ont décidé de se battre entre eux. La loyauté d'antan a disparu et maintenant nous avons une douzaine de seigneurs de la guerre qui s'accrochent à leurs fiefs. Grâce à vous, stupides trolls !

– Nous allons retrouver Rollo, promit Ridicula. Et quand il sera de retour, tout rentrera dans l'ordre.

L'ogre à pelisse grise plissa ses yeux rouges d'un air pensif et lança un regard à la jeune troll.

– Grâce à toi, petite ?

– Grâce à nous tous, répondit-elle bravement. Capitaine Masticor, vous devez venir avec nous à la recherche de Rollo. Vous savez que lui seul peut nous unir. Nous allons parler à Nabo, afin d'obtenir les montures et l'aide dont nous avons besoin.

– Tu auras beau parler à Nabo tant que tu voudras, marmonna Masticor, il n'y a plus de montures ni de provisions. À moins que tu ne disposes d'une armée pour en voler.

– Il n'y a plus de chevaux ? demanda Pouillane tristement.

Masticor secoua la tête.

– Ils ont été mangés la semaine dernière.

Ridicula ravala sa salive et poursuivit :

– Qu'en dites-vous, capitaine Masticor ? Êtes-vous des nôtres ?

– Rollo est peut-être mort, tu sais, répondit l'ogre d'une voix douce. Il se peut que les gens de Bois-Joli n'apprécient guère de voir des fées mortes.

– Mais il avait ce couteau, dit Pouillane. Le couteau noir, dont Styxus Rex se servait pour créer des goules. Il allait ramener Chipie à la vie !

Le gros ogre trembla pendant un moment.

– Ah, le couteau du serpent. Cela ne me rassure pas. Ce voyage… ne sera pas facile.

– Alors coupez ces filets, afin que nous partions tout de suite, lança Ridicula.

Masticor secoua sa tête embroussaillée et se mit à rire.

– Je suppose que tu es la compagne de Rollo. Ma foi, tu es digne de lui.

CHAPITRE DEUX

AMIS ET ENNEMIS

Nabo se grattait le crâne, lissant les rares cheveux qui ornaient sa tête noueuse. Il avait une grosse tête pour quelqu'un qui mesurait à peine un mètre. Le vieux gnome parcourait sa tanière en désordre, ses talons raclant la terre sèche. Ridicula était assise et demeurait voûtée à défaut de quoi ses oreilles s'éraflaient sur le plafond moisi.

Le moisi est fait pour être mangé, pas pour être porté, pensait-elle. *Pouillane et Masticor se sentent également à l'étroit dans la tanière du gnome.*

Masticor était un ami de Rollo. Il les avait conduites chez le scribe et Ridicula lui avait expliqué son plan pour sauver Rollo et le ramener à la maison. Elle attendait la réponse du gnome, tandis qu'il se contentait d'arpenter son antre. Masticor grognait d'impatience et Pouillane ratissait le sol à la recherche de larves.

Finalement Nabo s'arrêta et hocha la tête avec sagesse.

– Oui, oui, nous devons faire quelque chose pour ramener Rollo. Nous ne pouvons pas laisser aller les choses comme ça. À Crachoutos, il n'y a pas de chef que les gens craignent et respectent. Qu'en pensez-vous, capitaine Masticor ?

Le gros ogre était assis, les jambes croisées sur le sol de l'étroite pièce.

– Je crois que c'est une idée stupide et que personne ne reviendra de là-bas. D'autre part, ce sont les trolls qui ont éliminé Styxus Rex et j'affirme que c'est leur devoir de restaurer l'ordre à Crachoutos. Alors je vais les aider à retrouver Rollo et à le ramener à la maison, même si je doute que nous puissions revenir vivants de ce voyage.

Le visage du gnome se plissa.

– Ah, nous vivons une époque étrange ! Le sort du pays dépend d'un troll qui s'est enfui. Et la dernière fois qu'il est parti, il a vaincu Styxus Rex. Je devrais vous accompagner et le chercher avec vous, mais je suis trop âgé. Et quelqu'un doit rester en poste ici.

Masticor renâcla ; il avait l'air de douter qu'il y eût quelqu'un qui fût capable de garder un poste.

Nabo l'ignora et trottina vers Ridicula et Pouillane.

– Selon nos légendes, chuchota-t-il, il existe un passage secret au bord du Gouffre qui mène droit au fond. Pas un gnome vivant ne saurait vous dire où il se trouve, mais une équipe de nos mineurs sera peut-être capable de le mettre au jour. Je n'ai aucune idée de ce que vous découvrirez au fond, ni de l'autre côté quand vous remonterez jusqu'à Bois-Joli. Même si vous ne mourez pas tous de façon horrible, comme le prétend Masticor, cette quête se poursuivra peut-être pendant des années avant de prendre fin.

– Cela vaut mieux que de rester assis à ne rien faire ! répliqua Ridicula. Le plus tôt nous commencerons, le plus tôt nous trouverons Rollo.

Elle tenta de se relever, mais sa tête heurta le plafond bas du terrier de Nabo.

– Ouille !

Le vieux gnome leva la main.

– Ne te presse pas, mon enfant. Laissez-moi rassembler une équipe de gnomes qui vous accompagnera. L'un d'entre eux est mon neveu, Mouchi. Il est très étrange, il aime se promener à l'air libre. Et il a soif d'aventures.

– Et nous avons besoin de montures et d'ogres, intervint Masticor. Je me demande ce que devient ma vieille amie Verna. Aux dernières nouvelles, elle était avec le sergent Cranium.

– Cranium n'est qu'un vieux seau de crème fraîche ! cria Nabo, son gros nez tremblant de colère.

Il regarda ses invités.

– Pardonnez mon écart de langage, mais il est un de ces seigneurs qui se battent pour prendre Crachoutos. Je doute qu'il veuille nous aider à retrouver Rollo.

– Nous laisserons le sergent Cranium se débrouiller tout seul, approuva Masticor.

Dans la brillante lumière du jour, alors que pas un des dignes citoyens de Crachoutos n'aurait mis le nez dehors, treize gnomes rampèrent hors de leur terrier. Deux trolls et un ogre les accompagnaient, plissant des yeux sous le soleil impitoyable de Moisis-les-Prés. La lumière faisait étinceler les tâches duveteuses de mildiou, qui couvraient le sol comme de la neige fraîche.

D'un air las, Ridicula examina les gnomes affublés de casques, de ceintures à outils, chargés de marteaux, de pics et de cordes. Les ogres portaient des armes et des boucliers et les trolls transportaient le reste du matériel. Elle hissa son sac à dos, songeant qu'ils avaient une longue marche à faire. *Étant donné que je suis une future reine*, pensa-t-elle, *quelqu'un devrait transporter mon sac.*

Un gnome chevelu, à la mine insolente, marcha vers Ridicula et lui tendit sa patte griffue.

– Bonjour, je suis Mouchi ! Mon oncle est Nabo, le scribe.

– Oui. Nabo m'a parlé de toi, fit-elle, en le toisant. Il paraît que tu aimes te promener à l'air libre.

– J'aime visiter des lieux inconnus, mais je ne veux pas habiter ici, répondit le jeune gnome en balayant du regard le terrain rempli de champignons et de mauvaises herbes. Je connais bien le pays et les légendes anciennes, et je vais vous aider à le trouver, ce tunnel. Autre chose, si vous désirez parler aux mineurs, vous feriez mieux de vous adresser d'abord à moi.

Le gnome baissa la voix et tous se penchèrent pour écouter ce qu'il disait.

– Ils pensent que c'est moi le chef de l'expédition.

– Vraiment ? demanda Ridicula en reniflant. Mes petits amis, vous n'êtes ici que pour une seule raison. Me trouver un chemin qui mène à l'intérieur du Gouffre afin que nous puissions le traverser. Si vous échouez, nous vous laisserons là. Et je me moque de qui est ton oncle.

Le jeune gnome baissa ses sourcils épais, renâcla et serra les crocs. Le capitaine Masticor se mit à rire et dit :

– Mouchi, il faut que tu saches que l'amour guide cette quête. Ridicula n'est peut-être pas le cerveau de l'équipe, mais elle en est le cœur.

– Et veille à ne pas l'oublier, ajouta Ridicula.

Mouchi s'inclina devant le gros ogre.

– Entendu, mon capitaine.

– Ne m'appelle pas capitaine, grogna Masticor. Jusqu'à ce que nous atteignions le Gouffre, je ne suis qu'un simple gardien. Nous ne voulons pas que Cranium et les seigneurs de la guerre apprennent ce que nous faisons, alors nous avons inventé une histoire. Vous êtes une équipe de travailleurs. Toi et les trolls, vous allez réparer un vieil égout, poser un pont par-dessus ou quelque chose comme ça. Nous rejoindrons Verna au gué de la rivière Glacia.

– Et les chevaux ? demanda Pouillane avec entrain.

– Peut-être. Si elle parvient à voler ceux du sergent Cranium, répondit l'ogre. Mais il ne faut pas compter là-dessus.

Masticor cligna des yeux sous le soleil et commença à labourer le sable avec ses jambes de bœuf.

– Par ici ! Attention où vous marchez, c'est terriblement éclairé par ici !

Pendant une demi-journée, la bande d'intrépides suivit un sentier sinueux en ne découvrant que des tentes en lambeaux et des taudis réduits en cendres fumantes. Des haches de guerre brisées, des massues et des lances sortaient du sable sombre et de larges terriers éventrés s'ouvraient comme des cratères. Sa lanterne à la main, Pouillane trottinait à côté de Ridicula, désolée à la vue d'un autre village en ruine.

– Tout ce que nous avons entendu est donc vrai, chuchota Pouillane. Les ogres se battent entre eux et règlent de vieux comptes. S'ils décident de s'unir contre nous…

Elle n'osa pas terminer sa phrase.

– Nous avons tous souffert, dit Ridicula. C'est pourquoi les ogres voudront faire la paix et suivre Rollo… une fois que nous l'aurons ramené.

– Comment peux-tu en être certaine? demanda Pouillane.

– Eh bien, c'est ce qu'ils devront faire. Il sera leur roi, n'est-ce pas? fit Ridicula en ricanant.

– Mais personne ne se souvient d'avoir eu un roi.

– Ce sera comme un sorcier, répondit Ridicula, seulement tous les gens du royaume l'aimeront au lieu de le détester.

– Vu sous cet angle, ça ne colle pas, dit Pouillane en frissonnant. Je suppose que j'ai de la difficulté à avaler ça parce qu'il s'agit de mon petit frère.

– Ses actions sont héroïques, insista Ridicula. Il a les qualités d'un grand.

– Et s'il ne t'épouse pas? demanda Pouillane avec une sourire narquois.

Ridicula renâcla.

– Alors il ne sera qu'un minable pouding sans vers. Il vaudra moins que ça! Rollo a besoin de m'écouter!

– Je crois que mon frère n'écoute personne, à part lui-même, murmura Pouillane.

Ridicula s'arrêta soudain et posa sa main contre son oreille dressée.

– Entends-tu?

– Oui, c'est la rivière. Elle est à deux heures d'ici.

– Trois heures, dit Masticor. Tâchons d'arriver avant l'obscurité. Grouillez-vous!

Les gnomes se pressèrent devant eux, haletant sous le poids de leurs ceintures à outils. Cependant, tous maintinrent la cadence jusqu'à ce qu'ils voient surgir la brume et la striure violacée de l'eau devant eux. Le soleil commençait à baisser, allongeant les ombres des collines, éclairant les racines tordues émergeant du sol croûté. Il y avait des arbres torturés et des buissons rachitiques le long de la rivière Glacia, et tout semblait figé et austère à l'exception des formes sombres s'agitant sous la bruine.

– Rappelez-vous, chuchota Masticor, je suis un gardien et vous êtes mon équipe de travail.

L'ogre passa devant et les trolls et les gnomes le suivirent, l'air penaud. On put voir dans la brume leurs silhouettes élever leurs armes et les abaisser aussitôt après qu'ils eurent échangé quelques paroles avec Masticor. Celui-ci agita son gourdin et le reste de la bande avança.

Ridicula, agenouillée sur le bord de la rivière, repéra quatre gros ogres et une ombre solitaire qui observait les rapides agités. Une ogresse élancée s'approcha d'eux et examina les voyageurs d'un air amusé.

– Je suis Verna, dit-elle, une amie de Rollo. Je dois être dingue pour écouter Masticor et abandonner mon poste, mais je m'ennuie de ce stupide troll. Écoutez, nous devons agir vite parce que Cranium ne tardera pas à découvrir que nous sommes partis. Nous… euh… nous lui avons emprunté des provisions. Il est peut-être à nos trousses, alors nous devons traverser la rivière avant la nuit.

– Sans cheval ? Comment allons-nous traverser ? demanda Pouillane.

Verna claquait des dents en regardant la rivière au courant tumultueux.

– Nous allons lancer une corde au-dessus du gué et nous traverserons de l'autre côté en nous tenant les mains. Ce sera désagréable, mais les ogres et les trolls sont assez grands pour y parvenir. Je m'inquiète davantage pour les gnomes.

– Je pensais que tu avais dit qu'il y avait un troll volant parmi vous…, dit Masticor.

Verna secoua ses épaules.

– Eh bien, il s'agit de l'un de ceux qui ont volé avec Rollo. Je ne l'ai pas vu voler récemment, mais il a insisté pour nous accompagner.

Elle pointa du doigt la silhouette solitaire au bord de l'eau.

– Qui est-ce ? demanda Ridicula en faisant un pas en avant.

Un tout petit troll émergea de la bruine et leur sourit de tous ses crocs crochus.

– Ne craignez rien, Bedono est là !

– Tu ne peux pas voler ! fit Pouillane en pouffant. C'est à peine si tu peux travailler la nuit !

– Je me suis entraîné ! riposta-t-il. Et personne ne vous a dit que j'ai même traversé cette rivière ?

– Avec Rollo, répondit Ridicula.

– Et Rollo m'a appris à voler par moi-même, n'est-ce pas ? répliqua Bedono sans se laisser démonter. Nous nous sommes entraînés à voler au-dessus de cette rivière afin de voler un jour au-dessus du Gouffre. Et Rollo a réussi ! Puisque je vous dis que je me suis entraîné. Attachez donc une corde autour de ma taille et j'irai la fixer sur l'autre rive.

Bedono désignait l'épaisse brume. Elle était si dense que personne ne distinguait l'autre côté de la rivière Glacia. Tout ce qu'ils voyaient, c'étaient les glaçons qui y flottaient.

Mouchi sortit du groupe de gnomes et déroula une corde.

– Depuis le temps que j'entends dire que les trolls volent, je veux en voir un à l'action.

Mouchi enroula la corde autour de la taille de Bedono. Il serra le nœud si fort que le troll émit un rot.

Bedono suivit des yeux la corde, regarda les visages attentifs et déglutit.

– Bien, dit-il, en se frottant le ventre. Tenez bien la corde… Je ne veux pas aller trop vite et vous glisser des mains.

– Je doute que cela n'arrive, répondit Masticor, en attrapant le bout de la corde de Mouchi. Vas-y, pendant qu'il fait encore jour.

Le troll hocha la tête et pénétra dans le rideau de brume tenace comme de la glu. Lorsqu'il atteignit la rive, Bedono baissa la tête et se mit à murmurer, tout en se frappant la poitrine comme un tambour. C'était un rituel impressionnant et tous se rapprochèrent. Personne ne voulait rater le troll en train de voler ou… de s'écraser dans l'eau glacée.

Enfin Bedono leva les bras comme s'il avait des ailes et se mit à planer. Ayant perdu le troll de vue, Ridicula et les autres se précipitèrent en avant et entendirent un cri suivi d'un gros « plouf ». La vivacité du courant arracha presque la corde des mains de Masticor, mais il la retint jusqu'à ce que Verna et Pouillane l'empoignent à leur tour. Tirant de toutes ses forces, le trio réussit à extirper le troll de l'eau glacée. Il était trempé et frissonnait.

– C'est... frrroid ! hurla Bedono en se roulant en boule.

– Qu'est-il arrivé ? demanda Mouchi.

Le gnome curieux s'agenouilla pour enrouler sa corde.

– Ne m'avez-vous pas... pas vu voler ? glapit Bedono. Pendant quelques mètres ?

Ils hochèrent tous la tête en se regardant d'un air perplexe. Alors Ridicula demanda :

– Quand tu étais dans l'eau, est-ce que tu avais pied ?

– Oui, mais j'ai été déséquilibré, répondit Bedono, tout tremblant. L'eau arrive environ à hauteur de la taille.

Ils réfléchirent à ce qu'ils devaient faire et le silence retomba sur la bande regroupée au bord de la rivière. Ridicula entendit le bruit métallique d'une armure et se retourna en même temps que Masticor.

Le capitaine brandit son arme et repoussa un ogre qui émergeait du brouillard en hurlant.

Verna et les quatre autres ogres tirèrent leurs armes et affrontèrent un nombre égal d'adversaires au cours de la bataille. Heureusement, la brume semait la confusion, et les attaquants hésitaient à frapper, ne sachant plus qui était l'ennemi. Lorsque Masticor jeta un gnome dans les rapides glacés, deux autres prirent la poudre d'escampette.

– Vite ! cria Ridicula. Attrapez les gnomes !

Ridicula saisit Mouchi avant même qu'il ne puisse protester, et s'enfonça dans les profondeurs glacées. Pouillane suivait derrière, portant deux gnomes qui se débattaient. Même Bedono plongea dans les rapides, un gnome sous le bras. Les grognements et les fracas de la bataille s'élevèrent dans l'air brumeux, et les trois trolls luttèrent contre le courant violent.

– Ne me lâche pas ! couina Mouchi, la voix étouffée par le rugissement de l'eau.

– Alors, accroche-toi ! répliqua Ridicula.

Le gnome obéit aussitôt. Il se hissa sur ses épaules et s'accrocha à sa tête, couvrant de ses mains les yeux et la bouche de la troll. Ridicula le mordit et il retira vivement ses mains. Ce fut en vain ; elle ne voyait guère plus loin qu'à deux pas devant elle. Grâce à ses longues oreilles, elle percevait derrière le bruit de la bataille.

Elle perdit toute sensation entre les orteils et la poitrine; seule la peur permettait à ses jambes de repousser l'eau. À force d'avancer à contre-courant Ridicula était tellement engourdie, enfoncée dans l'eau jusqu'à la taille, qu'elle ne se rendit compte qu'elle avait gagné la rive que lorsque Mouchi se laissa glisser de ses épaules. Le gnome s'agenouilla sur la rive boueuse et embrassa le sol pendant que Ridicula s'écroulait dans les roseaux. C'est à peine si elle eut la force de retirer ses jambes gelées hors de l'eau.

Elle entendit un grognement et vit Pouillane déposer ses deux gnomes sur le sol sec. Puis la grande sœur de Rollo retourna dans l'eau agitée de moutons blancs et ramena Bedono et son passager sains et saufs. Pendant un moment, les trois trolls et les quatre gnomes restèrent couchés sur la rive humide, recroquevillés en boule.

– On n'entend plus de bruit, remarqua Ridicula, la bataille est peut-être terminée. Les ogres parviendront-ils à traverser la rivière Glacia?

La réponse ne tarda pas. Masticor, Verna et deux autres ogres apparurent sur la rive, chancelant sous le poids de deux gnomes. Hors d'haleine, les gros ogres s'écroulèrent eux aussi sur le sol. Ils frissonnaient sans dire un mot, attendant de reprendre leur souffle.

– Reste-t-il deux ogres là-bas ? demanda Ridicula.

Masticor hocha la tête d'un air mécontent.

– Et trois gnomes que nous ne pouvions pas transporter.

– Et les soldats de Cranium ? demanda Ridicula, scrutant l'épaisse brume qui recouvrait la rivière glaciale. Vont-ils nous poursuivre ?

– J'en doute, répondit Verna en toussant bruyamment. Ils ne sont pas aussi stupides que nous. Mais ils nous ont vus… Nous serons signalés à Crachoutos.

– Ne vous inquiétez pas. Vous serez les seuls ogres là où nous allons, rétorqua Bedono.

Ridicula détourna son regard de la rivière et contempla la vaste plaine qui menait au Gouffre. Des ombres se creusaient dans le paysage désolé, le rendant encore plus sinistre.

– Il commence à faire noir, déclara-t-elle. Pourquoi ne pas s'éloigner de la rivière, faire un feu et nous sécher avant de partir ? Sinon, nous serons glacés en route.

– Ça, c'est une bo… bonne idée, je trouve, dit Mouchi, tremblant de tout son corps.

Il fit signe à ses copains.

– Vous… vous… tous, ramassez des branches et du petit bois, et séchez vos silex.

Les gnomes se remirent sur leurs jambes courtaudes, s'ébrouèrent comme des chiens, puis s'éparpillèrent dans toutes les directions. Verna s'assit et lissa sa fourrure humide.

– Nous pourrions dormir la nuit et voyager de jour afin de ne pas être vus.

– Non! répondit Ridicula. Nous ne dormirons pas tant que nous n'aurons pas trouvé Rollo.

Les ogres et les trolls se regardèrent avec un brin d'inquiétude. Leurs visages se tordirent, découvrant leurs larges rangées de dents. La quête ne faisait que commencer et Ridicula voyait déjà dans leurs yeux la peur et le doute. Comment les garder unis? Sa plus grande crainte, c'était de ne pas retrouver Rollo à temps. Où qu'il soit.

CHAPITRE TROIS

SAUVÉ DE JUSTESSE

Rollo se contorsionnait dans l'immense toile d'araignée. Il était empêtré dedans depuis bientôt une semaine. Heureusement, il n'avait pas vu l'araignée géante qui avait tissé ce piège atroce, mais elle devait être vraiment énorme. Les soies gluantes s'étiraient dans toutes les directions, à perte de vue.

Dans une main, Rollo tenait faiblement le petit cercueil renfermant le corps de Chipie. Son autre main était vide, fermement attachée aux fils élastiques. Pendant plusieurs jours, il avait essayé d'atteindre le couteau fixé à sa ceinture, mais la toile réagissait comme un être vivant et resserrait son emprise. Son seul espoir était de s'emparer du couteau avant d'être trop faible.

Le jeune troll pensa à l'étourderie qui l'avait plongé dans cette situation. En atteignant Bois-Joli, Rollo avait été accueilli par une volée de flèches que lui avaient lancées les elfes, et, pour les éviter, il était allé se réfugier plus haut. Des pics escarpés se dressaient dans la forêt, et sans regarder où il allait, il s'était précipité dans un étroit canyon. Une seconde plus tard, il était prisonnier de cette toile monstrueuse, entouré par des restes d'oiseaux et de fées. Rollo comprenait pourquoi aucune fée n'était venue bourdonner autour de lui pour l'examiner. Quant aux elfes, les rochers étaient trop escarpés pour leur permettre de les gravir. De toute façon, ils préféraient le donner en pâture à l'araignée.

Une source coulait sur les rochers au-dessus de lui et l'eau fraîche ruisselait le long des fils de la toile jusqu'à sa bouche. Au moins, il ne mourrait pas de soif. Mais Rollo sentait la faim grandir et ses forces diminuer. Il ne savait pas s'il parviendrait à voler, car il y avait une longue chute à franchir avant Bois-Joli. Il devait s'emparer de son couteau et couper les fils pour se sortir de là. Puisque personne ne venait à son secours, c'était son unique chance de s'en tirer.

Rollo entendit du gravier glisser le long de la paroi de pierre et il tenta de tourner la tête. À part le vent et les gouttes d'eau, c'était le premier bruit que le troll entendait depuis des jours. Puis une vibration parcourut la toile et chatouilla son corps. Mais il n'avait pas particulièrement envie de rire, et la vibration s'intensifiait de plus en plus.

Les fils gluants rebondirent et Rollo se tordit dans tous les sens pour voir d'où venait le bruit. Une forme sombre apparut dans l'étroit canyon, masquant les faibles rayons du soleil couchant. Rollo scruta cette espèce de boule de poils en se demandant ce que c'était. Lorsqu'il vit s'étirer huit longues pattes velues, il comprit que la propriétaire de la toile était de retour au bercail. L'araignée géante était aussi grosse que Vieux Rot, le crapaud qui servait de monture à Styxus Rex !

Le troll se mit à hurler pour tenter d'éloigner la bête. Or, plus il se débattait et criait, plus il suscitait la curiosité de l'araignée. Elle se rapprocha en jouant avec les fils autour de sa taille.

En désespoir de cause, Rollo rongea avec ses dents le fil le plus proche, celui qui lui liait le bras. *C'est comme combattre un poulpe ou un crocodile au fond du marécage*, se dit-il. Il savait que s'il ne luttait pas de toutes ses forces, il finirait en repas pour l'araignée.

Après avoir coupé le fil entortillé, Rollo sentit la toile se relâcher et il se retourna pour voir l'araignée. Elle ouvrait son horrible bouche et agitait ses longues mandibules semblables à des couteaux. Un liquide brillant, peut-être du venin, recouvrait ses dents tranchantes.

Rollo se débattit énergiquement dans le filet en poussant des rugissements. Il réussit enfin à libérer un de ses bras et à atteindre le couteau glissé dans sa ceinture. Le troll haïssait ce couteau, mais il lui était utile parfois.

L'immense araignée tentait de le traquer en faisant rebondir le filet et Rollo hurlait comme une sirène. En tranchant ses liens, il s'aperçut que le couteau noir semblait les faire fondre comme du beurre. Rollo réussit également à détacher le précieux écrin renfermant le corps de Chipie, mais il devait prendre garde de ne pas le laisser échapper. Au-dessus de lui, il vit l'araignée se dresser comme une immense montagne, regarda ses pattes aussi longues que des arbres. Il coupa les fils autour de ses propres jambes.

Lorsque l'araignée bondit sur lui, Rollo put lui donner un coup de pied de sa jambe libre. Il n'avait aucune idée de l'endroit où son talon avait atterri quand un liquide vert éclaboussa son visage. Le troll lécha le liquide, car il avait vraiment faim, tout en donnant des coups de pied à l'araignée de toutes ses forces. Sous leur poids, de plus en plus de fils se rompaient et la toile commençait à se défaire. Rollo avait l'impression d'être dans un vieux hamac sur le point de se déchirer et, voyant qu'il allait tomber, il s'efforça de se rappeler comment voler.

La bête trancha le filet à l'aide d'une de ses pattes velues et cela suffit à rompre la toile pour de bon. En poussant un cri, Rollo dégringola et la grande araignée se balança un moment avant d'agripper la toile avec ses autres pattes. Rollo n'eut pas autant de chance : il déboula le long de la paroi au milieu des ronces, serrant la boîte de Chipie contre sa poitrine et essayant de se concentrer pour voler. Il ne put que ralentir sa chute avant d'échouer sur la cime d'un arbre.

Il passa au travers des branches, se heurtant violemment contre elles. Tout en encaissant les chocs douloureux, il tenta de protéger le cercueil et le couteau noir. Finalement, il atterrit en faisant « boum » sur le sol et ce bruit fut la dernière chose dont il se souvint.

Quelque chose de pointu lui piquait l'épaule, ravivant les courbatures dans tout son corps. Cette douleur-ci était légèrement différente et cela suffit à ranimer le jeune troll. Rollo leva les yeux et aperçut plusieurs elfes barbus qui le regardaient d'un air impassible. Chacun tenait un arc armé d'une flèche. Rollo voulut fuir, mais quand il essaya de se lever, ses membres refusèrent de bouger. Il constata qu'il était ligoté de la tête aux pieds, ficelé comme une limace prête à être rôtie.

Les elfes abaissèrent leurs arcs, voyant que leur prisonnier ne pouvait défaire ses liens. Ils avaient sa boîte et son couteau, les examinant d'un air interrogateur.

– N'ouvrez pas la boîte, les prévint Rollo, à moins de savoir ce que vous faites.

L'elfe aux cheveux dorés, qui tenait le cercueil de Chipie, le laissa choir sur le sol.

– Est-ce un piège ? demanda-t-il. Quel sale plan avez-vous préparé ?

Rollo souffla péniblement et se tortilla pour regarder ses ravisseurs.

– Cette boîte renferme un corps... celui d'une fée du nom de Chipie. Il est parfaitement conservé, parce que le coffret est en bois de rose.

Les elfes se regardèrent avec dégoût. Le groupe était composé de mâles et de femelles, minces et costauds, mesurant à peine un mètre et demi, vêtus de vêtements d'un vert qui se confondait avec la forêt. Plusieurs d'entre eux montaient la garde dans les arbres les plus proches.

– Vous tuez une fée et vous conservez son corps ? demanda une elfe. Quelle sorte de monstre êtes-vous ?

– Est-ce pour la manger plus tard ? lança une autre.

– Non, non ! répondit rapidement Rollo. Vous avez aussi le couteau noir. Cette arme appartenait à Styxus Rex, il s'en servait pour ranimer les morts et redonner vie à des goules.

Aussitôt, l'elfe qui tenait le couteau l'enfouit sous la terre.

– Tout ce qu'ils ont est maléfique ! cria-t-il.

– Vous ne comprenez pas ! gémit Rollo. Chipie était mon amie ! Elle m'a aidé à vaincre Styxus Rex et à libérer les citoyens de Crachoutos de la tyrannie. Je ramène Chipie à Bois-Joli parce que je lui ai promis de le faire. Mais s'il y a une chance de la faire revivre, ne croyez-vous pas que nous devrions la saisir ?

Les elfes se regardèrent d'un air grave et contemplèrent les objets posés sur les feuilles. *Qu'est-ce qui sera le plus fort ?...* se demanda Rollo, *leur peur ou leur curiosité ?*

Un elfe à barbe rousse se fraya un chemin parmi les autres.

– Ne croyez pas un mot de ce qu'il raconte ! dit-il. Il n'y a pas de magie chez cette horrible créature ni dans ces objets volés. Il essaie juste de gagner du temps, croyant que nous ne pourrons le punir. Donnez-moi cette boîte !

– Oui, prince Rouxel.

L'elfe aux cheveux dorés ramassa le coffret en bois et le tendit à son maître.

Rouxel étudia l'écrin sous tous ses angles et inséra le bout de sa flèche dans la serrure.

– C'est probablement un piège, murmura-t-il.

– Ce n'est pas un piège, répondit Rollo d'un air moqueur. Donnez-le moi, je vais l'ouvrir.

– Oui, tu aimerais ça, dit Rouxel en ricanant. Clepto, surveille-le.

– Oui, prince Rouxel.

L'elfe blond pointa une flèche vers le troll prostré et sourit.

– Nous allons faire cesser ce maléfice.

De la pointe de sa flèche, Rouxel ouvrit délicatement la serrure et souleva le couvercle. L'elfe aux cheveux roux soupira en voyant ce qu'il renfermait et ses mains se mirent à trembler. Quelques elfes s'avancèrent pour voir, pendant que d'autres reculaient de frayeur. Tous ceux qui étaient assez braves pour regarder dans la boîte poussaient des cris d'émerveillement et quelques-uns souriaient.

Allongé sur le sol, Rollo ne pouvait pas voir son amie Chipie, mais il avait déjà jeté un coup d'œil dans la boîte auparavant. La fée avait l'air parfaitement en vie, plus belle que jamais, paraissant dormir paisiblement. Aucun signe n'indiquait que Chipie s'était noyée dans les mains de Styxus Rex.

– Seigneur, souffla Clepto, elle a l'air bien préservée. Peut-être a-t-il dit vrai.

– Trouvez-moi un mage, plaida Rollo. Quelqu'un qui sait manier le couteau noir et ramener Chipie à la vie !

– Silence !

Le prince jeta un regard furieux à Rollo puis referma le couvercle.

– Le troll ne nous servira pas de cible pour l'entraînement... Pas tout de suite. Conduisons-le auprès de notre bien-aimée Mélinda, la mère enchanteresse.

Il y eut des signes et des murmures d'approbation et Rollo retint son souffle. Allait-il enfin rencontrer quelqu'un qui puisse l'aider ?

– Ligotez-le et posez-le sur une perche, ordonna le prince Rouxel. Éclaireurs, passez devant. Et surveillez les oiseaux !

– Surveiller les oiseaux ? demanda Rollo d'un air ahuri. Qu'est-ce qui ne va pas avec les oiseaux ?

Rouxel lui adressa un sourire narquois.

– Comme si tu ne le savais pas ! Depuis que votre horrible maître est venu ici, la guerre fait rage entre les fées et les oiseaux. Même nous, les elfes, nous ne pouvons voyager seuls, parce que des flopées d'oiseaux nous attaquent. Ne sais-tu pas que c'est le résultat de votre horrible travail !

Rollo voulut protester, mais il se rappela que Styxus Rex était resté à Bois-Joli après s'être envolé. Et les oiseaux étaient mécontents de leur sort. Le sorcier avait sûrement profité de l'occasion pour déclencher une guerre contre la gent ailée de la forêt.

– Attention devant ! cria une des sentinelles.

Les elfes s'éparpillèrent, cherchant un abri sous les arbres. Une volée d'oiseaux piaillards traversa la forêt en laissant tomber des fientes blanches un peu partout, éclaboussant même les elfes qui essayaient de se cacher. Rollo ferma les yeux et tenta de s'enfouir sous le sol, mais il ne fut pas épargné lui non plus.

Lorsque l'attaque cessa, les elfes étaient couverts de déjections. Ils regardèrent les oiseaux s'enfuir.

– Je hais cette guerre, grommela Clepto.

– Je vous en prie, croyez-moi, dit Rollo. Je n'ai rien à voir dans tout ça.

Le troll tout dépenaillé s'éclaircit la voix et regarda ses ravisseurs d'un air suppliant.

– J'ai vraiment faim et je suppose que vous n'avez pas apporté de nourriture ?

– Ramassez-le ! ordonna le prince Rouxel. Il commence à faire noir.

Brutalement, les elfes fixèrent une perche entre les membres liés de Rollo. Il fallut huit elfes pour soulever le gros troll et le transporter. Ils trébuchaient souvent et Rollo était meurtri par les branches et accumulait les éraflures. *Mieux vaut ça que marcher*, se dit-il.

Les guerriers avançaient, tenant leurs arcs bandés pour se protéger des oiseaux, ou peut-être d'autres trolls tombant du ciel. Le prince Rouxel tenait le cercueil et le couteau noir étroitement serrés contre sa poitrine.

CHAPITRE QUATRE

UN TOUT PETIT GOUFFRE

À la tombée de la nuit, une bande de trolls crasseux, d'ogres brutaux et de minuscules gnomes s'avançait en titubant au bord du Gouffre. Plusieurs d'entre eux rampaient sur les mains et sur les genoux, par crainte de tomber ou tout simplement parce qu'ils étaient trop fatigués pour se tenir debout. Malgré le crépuscule, ils distinguaient l'immense vide béant et l'obscurité du précipice. Du côté de Crachoutos, ce n'était rien d'autre qu'une vaste terre en friche alors que, de l'autre, la voûte des arbres s'étendait à l'infini.

Pour la première fois, Ridicula se sentit découragée. Aller au fond de cette monstrueuse gorge était sûrement du domaine de l'impossible, si elle avait un fond. Et monter de l'autre côté de Bois-Joli était une idée irréaliste. De ce point de vue, c'était inimaginable; le Gouffre était un obstacle large et profond que nul ne pouvait franchir.

Mouchi s'éclaircit la voix et regarda Ridicula d'un air rempli de doute.

– Es-tu certaine que Rollo a volé jusque là-bas?

– Il a ramené une fée, n'est-ce pas? répondit Ridicula.

– Ce n'est guère plus large que la rivière Glacia, dit Bedono. Et nous avons réussi à la traverser, ajouta-t-il d'une voix faible.

– Ouais, tu peux voler, lança Masticor, en donnant une tape dans le dos du jeune troll. Vas-y, essaie.

La tape de Masticor fit déraper Bedono et faillit le pousser dans le précipice.

– Merci, capitaine Masticor, mais je dois m'entraîner davantage.

Bedono s'éloigna rapidement du bord du Gouffre.

Ridicula posa ses griffes sur ses larges hanches et toisa le reste de la bande.

– Ça ne sert à rien de rester sans rien faire. Vous, les gnomes, essayez de trouver le passage. Par où allez-vous commencer?

Mouchi rassembla les neuf gnomes en formant un rang, puis il parlementa avec le plus âgé, un type aux cheveux gris qui s'appelait Silux. Après avoir eu la réponse, Mouchi se tourna vers les ogres et les trolls.

– Les légendes parlent d'un point de repère, le Gros Orteil. Nous pensons que nous en sommes tout près. Cependant nous ignorons s'il se trouve au sud ou au nord. Le passage a été creusé il y a longtemps, mais il doit y avoir des traces. Nos mineurs le trouveront.

– Nous pouvons nous installer ici et explorer les deux côtés, suggéra Verna. Masticor partira avec la moitié des gnomes et moi avec les autres.

– Nous n'avons pas le temps de dresser un camp, répliqua Ridicula. Bedono et moi irons avec vous et Pouillane ira avec le capitaine Masticor. Comment avertirons-nous l'autre groupe lorsque nous l'aurons trouvé ?

– Nous lancerons des flèches enflammées dans le ciel, répondit Masticor. Alors mettez quelqu'un pour surveiller.

Il désigna une poignée de gnomes et grommela :

– Vous cinq, venez avec moi !

– Euh… quand allons-nous manger ? demanda Mouchi en s'approchant de Verna pour que tout le monde sache qu'il partait avec elle.

– En cours de route, répondit Masticor.

– Ce sera une longue marche car nous ratisserons chaque coin, dit Mouchi. Allumez vos lampes !

Avec beaucoup de cérémonie, chaque gnome alluma la lampe à huile fixée à son casque et vérifia ses outils. Comme des lucioles s'élevant d'un pré, dix grains de lumière se répandirent le long de la rivière sombre et du vide. Graduellement, les points lumineux furent engloutis par l'obscurité et disparurent complètement. Bientôt, on n'entendit plus d'autre son que le doux murmure des gnomes.

***

La troupe des elfes ramena Rollo dans le paisible village composé de huttes en feuilles et de maisons tapies dans les arbres où brillaient quelques torches. Il n'y avait personne dans les parages, ce qui étonna le troll jusqu'à ce qu'il se souvienne que les elfes dormaient la nuit et vivaient le jour.

Comme c'est étrange! se dit-il.

Ils l'emmenèrent au centre du village et le déposèrent sous la tonnelle, pieds et poings liés. Il examina les alentours et se rappella le festin qu'il avait mangé sous cette tonnelle ou une autre semblable. Sa visite en compagnie de Styxus Rex et du général Bavant semblait remonter à bien des années, même elle n'avait eu lieu que quelques semaines auparavant.

Le passage des elfes ne réveilla personne dans le village; ils demeuraient silencieux, chuchotant à peine entre eux. Rollo se demandait s'il s'agissait bien de leur village, car il s'écoula un laps de temps avant qu'ils ne trouvent la personne qu'ils étaient venus voir. Rollo avait mal à la tête, il était couvert de bosses, mais il se souvenait de son nom et de son titre, Mélinda, la mère enchanteresse.

Finalement, l'elfe à la barbe rousse, le prince Rouxel, gravit les marches de la tonnelle accompagné d'une vieille femme à son bras. Cette elfe avait une chevelure blanche comme neige qui lui tombait jusqu'aux genoux et son visage était aussi ridé que l'aisselle d'un ogre. Elle portait une tunique blanche aussi soyeuse et pâle que les ailes d'une fée.

En apercevant Rollo, Mélinda grimaça de dégoût et le troll perdit courage. Elle se tourna vers le prince Rouxel.

– Détachez-le, ordonna-t-elle. Ce n'est pas une façon de traiter des invités !

– Il n'est pas notre invité, répondit Rouxel avec un sourire narquois. Il peut voler.

– Alors il est revenu de son propre chef, répondit la vieille elfe. Par lui-même. Où sont la boîte et le couteau dont vous m'avez parlé ?

– Ici, mère enchanteresse.

Le prince claqua des doigts et son subalterne, Clepto, s'approcha, tenant le minuscule cercueil et le couteau noir. Il déposa respectueusement les deux objets entre les mains tachées de la vieille. Lorsque celle-ci les toucha, ses yeux s'écarquillèrent de surprise.

– Ces objets sont imprégnés de magie, dit-elle. Avez-vous regardé dans la boîte ?

Le prince hocha la tête, d'un air penaud.

– Nous avons tous regardé. C'est vraiment Chipie. Elle semble endormie, pas morte.

Avec une force surprenante, la mère enchanteresse s'inclina, saisit le couteau et trancha les liens de Rollo. Comme il l'avait déjà vu, les cordes fondirent au contact du couteau.

– Debout ! lança la vieille elfe. Et toi, Clepto, va dans mon cellier lui chercher à boire et à manger.

D'un air perplexe, l'elfe blond s'éloigna rapidement et Rollo poussa un soupir de soulagement.

– Merci, fit-il d'une voix rauque en chancelant sur ses pieds. Je ne vous ai jamais voulu de mal… ni maintenant ni lors de ma première visite.

– Comment t'appelles-tu ?

– Rollo.

La vieille hocha la tête.

– Et tu ne t'envoleras pas.

– Non, affirma-t-il. Je veux vous aider à ramener Chipie à la vie, si je le peux.

– As-tu déjà vu un couteau faire ça ? demanda Mélinda.

Rollo fit signe que non, l'air triste.

– Non, mais je sais qu'il a un pouvoir.

– Oh, je le sais, moi aussi, répondit la mère enchanteresse en levant le couteau d'une main tremblante. Il s'agit de savoir de quel pouvoir au juste. Il est très vieux, je peux sentir le poids de son âge. Et c'est une arme tranchante.

– Il m'a sauvé la vie, dit Rollo. Mais Styxus Rex, lui, créait des goules grâce à ce couteau.

– Alors… Est-il bon pour les bonnes gens et maléfique pour les mauvaises gens ? demanda la mère enchanteresse qui secoua la tête et contempla le petit coffret dans son autre main. Et que fera-t-il à une pauvre fée qui désirait simplement se faire un nouvel ami ?

– Je ne sais pas, fit Rollo.

Il huma l'odeur de la nourriture et tourna son regard vers l'elfe blond qui transportait un panier rempli de fruits, de pains et de légumes. L'elfe tenait aussi une outre d'eau.

Clepto déposa la nourriture devant Rollo comme il l'aurait fait devant un animal sauvage, et le troll se précipita dessus. Il déglutit bruyamment, sans se soucier de ce que les elfes penseraient de ses manières. S'ils avaient passé une semaine dans une toile d'araignée sans manger, comment réagiraient-ils devant un panier de nourriture ? Rollo n'avait jamais goûté des fruits aussi gros et aussi délicieux, ô combien différents des baies amères du marécage, et il lécha le suc sur sa fourrure.

– Mange et repose-toi, jeune troll, dit la douce mère enchanteresse. Je vais examiner ces objets et réfléchir à ce qu'il faut faire. Prince Rouxel, je vous tiendrai pour responsable s'il lui arrive quoi que ce soit.

– Oui, mère enchanteresse, répondit l'elfe en s'inclinant avec respect.

Lorsqu'elle fut partie, Rouxel regarda le troll qui se gavait.

– Il serait bon que tu te rappelles de bien te conduire, sinon tu pourrais avoir un accident.

– Vous savez, fit Rollo en rotant, la bouche pleine de fruits, je ne vous reproche pas de nous en vouloir. Mais l'unique citoyen de Crachoutos à l'origine de votre querelle n'existe plus.

– Es-tu certain que le soi-disant sorcier Styxus Rex n'est plus ? demanda Rouxel.

Rollo secoua ses larges épaules.

– Je me suis battu avec lui dans la rivière Glacia après qu'il eut tué Chipie et je pense qu'il s'est noyé. Nous n'avons pas retrouvé son corps. Mais si Styxus Rex était en vie, je ne serais pas ici à discuter tranquillement avec vous. Il me poursuivrait.

– Je vois, répondit l'elfe en caressant sa barbe rousse d'un air pensif.

Il plissa ses yeux aussi bleus que brillants et les plongea dans ceux de Rollo.

– De quel côté te trouvais-tu pendant cette guerre entre les fées et les oiseaux?

Rollo secoua la tête d'un air troublé.

– Je me souviens d'un perroquet la dernière fois que je suis venu ici… C'est tout ce que je sais.

– Ah, oui, Kendo, dit Rouxel avec dédain. Je savais qu'il avait quelque chose à voir avec cette guerre. Votre sorcier a été très méchant.

– Et c'est un de ses bons côtés, répondit Rollo.

Le prince grimaça et descendit les marches de la tonnelle. Il fit le tour du village endormi, puis fit un signe à ses archers qui entourèrent Rollo en pointant leurs arcs armés de flèches vers lui.

Ils ne connaissent pas bien les trolls, pensa Rollo. *Je n'irai pas ailleurs tant qu'ils me nourriront aussi bien.*

***

Ridicula, Verna, Bedono et la bande des gnomes cherchaient le bord du Gouffre, et la fatigue ralentissait leurs pas. C'était agaçant de voir les gnomes regarder sous chaque pierre et fouiller la moindre crevasse. Ridicula, que cette lenteur rendait folle, se dit qu'il fallait être patiente. Ils étaient tous fatigués de voyager sans répit, même si les trolls étaient habitués à peu dormir.

– Allons-nous en, gémit-elle, il n'y a rien par ici. Continuons plus loin.

Mouchi bâilla et fit signe aux mineurs de continuer à chercher. Leurs petites lampes tressautaient sur le terrain rocailleux pendant qu'il lui expliquait :

– Tu dois comprendre, Ridicula, nous savons comment repérer des terriers, et toi, non.

La future reine renifla.

– Où crois-tu que vivent les trolls ? Dans les arbres ?

– Hé ! appela Verna, le doigt tendu vers le ciel. Il y a quelque chose d'étrange qui arrive du Gouffre.

– Qui arrive ? demanda la troll.

Elle suivit le doigt de l'ogresse et aperçut un gros nuage noir flottant au-dessus du vide. Ridicula allait dire aux autres de s'abriter quand elle s'aperçut que les gnomes s'étaient déjà cachés. Verna et Bedono sortirent leurs gourdins et reculèrent devant l'apparition.

Quelque chose d'autre capta l'attention de Ridicula. Un autre nuage semblable au premier émergeait de Bois-Joli, provenant du fond du canyon. Alors que le deuxième nuage planait au-dessus du Gouffre, le premier changea de direction et vint vers eux. Étonnés, les trolls et les ogres virent les nuages énormes se rapprocher l'un de l'autre, comme si une tempête se préparait. On aurait dit que les nuages allaient se rencontrer près de l'endroit où la petite bande de Ridicula était perchée.

– Qu'est-ce que c'est? demanda Bedono. Des chauves-souris?

– C'est ce que je pense, répondit Verna.

Ridicula secoua la tête.

– Nous ne savons pas s'il y a des chauves-souris à Bois-Joli, mais nous savons qu'il y a des fées.

– Des fées! s'exclama Bedono avec frayeur.

Le jeune troll s'empêtra dans ses propres pieds en s'éloignant du bord.

– Restez tranquilles, ordonna Verna. Elles ne s'en prennent pas à nous.

– Oui, fit Ridicula en frissonnant.

Un faible murmure provenant du nuage de gauche se fit entendre, qui ne ressemblait certes pas à des chauves-souris. Du second nuage s'élevait un doux babil, évoquant des voix d'enfants en train de jouer. Ça ne ressemblait pas à des chauves-souris non plus.

– Couchez-vous, dit Verna en s'accroupissant sur le terrain rocailleux.

Ridicula et Bedono l'imitèrent aussitôt.

Bouche bée, ils observèrent les essaims tandis que ceux-ci fonçaient l'un sur l'autre et s'affrontaient comme deux armées. Le ciel sombre se remplit d'horribles cris et de hurlements ; les essaims se réunirent et formèrent un tourbillon. Ce n'était pas un rendez-vous amical, et plusieurs des créatures ailées tombèrent dans le vide du canyon.

Le bruit d'un battement d'ailes furieux s'enfla et une grande créature munie d'un bec, d'ailes, de serres et de plumes atterrit aux pieds de Ridicula. Le volatile la dévisagea pendant un moment. Verna voulut l'attraper, mais la créature lui piqua la main. Battant des ailes de peur, celle-ci s'éleva dans les airs et rejoignit la bataille.

– Pensez-vous qu'il s'agissait d'un oiseau ? demanda Verna.

– Les oiseaux sont noirs, répondit Bedono. Pas verts comme de la bave fraîche.

– Les oiseaux sont peut-être verts à Bois-Joli, suggéra Ridicula.

Bedono fronça les sourcils avec suspicion.

– Des oiseaux verts ?

Soudain, deux combattants dérivèrent au-dessus de la tête des visiteurs qui coururent se mettre à l'abri. Sans bouger, Ridicula vit passer avec étonnement un oiseau d'un bleu brillant qui se battait avec une créature dotée de bras, de jambes, d'une tête et d'une paire d'ailes. Tous deux avaient à peu près la même taille, mais l'oiseau utilisait son bec et ses serres, tandis que la créature blanche brandissait des petites lames. Après avoir échangé quelques coups, ils filèrent au loin.

Bedono frissonnait.

– Qu'est-ce que c'est que ça ?

– Ouais, c'est une fée, répondit Verna avec une grimace. Jolie chose, n'est-ce pas ?

Ridicula éternua soudain et se frotta le nez. Bientôt les trois visiteurs se mirent à éternuer sans pouvoir se retenir. Ils entendirent les gnomes éternuer aussi.

Verna reniflait.

– Retirons-nous, atchoum ! jusqu'à ce que la bataille soit terminée.

Pendant qu'ils s'éloignaient du bord du Gouffre, ils cessèrent d'éternuer et constatèrent que les essaims furieux avaient disparu. La lutte était terminée, mais elle avait bousculé les plans de Ridicula. Bois-Joli était censé être un endroit plaisant et paisible, non un lieu où l'on se battait et où l'on éternuait à n'en plus finir. Plus que jamais, Ridicula était convaincue qu'il fallait retrouver Rollo dès que possible.

– Debout, les gnomes ! cria-t-elle. Trouvons ce tunnel !

Tout en se mouchant, les gnomes rampèrent hors de leur cachette et allumèrent leurs lanternes. Mouchi fit en sorte qu'ils retournent à l'endroit exact où ils avaient entrepris leurs recherches et ils recommencèrent à enjamber des pierres et à fouiller les niches d'écureuils. Une heure plus tard, Ridicula retrouva sa cadence et se mit à marcher d'un pas lourd.

– Allons ! geignit-elle. Plus vite ! À ce rythme, nous allons passer notre vie dans ce canyon !

Mouchi la dévisagea.

– Vous ne voulez pas qu'on le manque, n'est-ce pas ?

– Crachoutos est en ruine ! cria-t-elle. À Bois-Joli, de sombres créatures ailées assombrissent le ciel et se battent entre elles. Les deux pays ont besoin d'un roi qui leur apportera la paix. Nous sommes leur dernier espoir. Nous ne pouvons pas ne pas trouver ce tunnel parce que nous n'avons pas les moyens d'échouer !

Ses pieds massifs martelaient le sol et s'enfonçaient dans le sable qui s'effondrait sous ses pas. Arrivée devant un étroit passage, Ridicula tomba. Elle cria en dégringolant, pensant que sa chute ne finirait jamais, mais son derrière potelé finit par atterrir sur une pierre souterraine. Un vent glacial la frappa et elle put reprendre son souffle. En haletant, elle inspecta les environs humides et froids.

C'était partout la terre et l'obscurité. Mais sous elle la pierre semblait tendre et molle. Avec son gros pif, elle sentit une étrange odeur d'air vicié.

Une seconde plus tard, cinq lanternes s'allumèrent à l'entrée du trou dans lequel elle était tombée. Ridicula vit qu'elle avait mis au jour une cavité en martelant le sol avec colère. Cette terre était molle et friable, ce qui n'était pas naturel. Elle n'était pas dans un trou, mais au beau milieu d'une galerie souterraine.

– Tu l'as trouvé ! dit Mouchi avec un soupir.

En la regardant en bas, Verna rit.

– Est-ce que tu crois qu'il s'agit du Gros Orteil dont parle la légende ?

Ridicula se redressa et frotta ses fesses endolories.

– Lancez la flèche enflammée !

– Tout de suite ! répondit Verna en tirant son arc. Mouchi, donne-moi du feu, s'il te plaît.

– Certainement, dit Mouchi en soulevant le couvercle de son casque. Maintenant pouvons-nous nous arrêter pour nous reposer? demanda-t-il.

– D'accord, fit Ridicula.

Sa voix résonnait dans la galerie et elle agita la main vers les gnomes qui descendaient à l'aide des câbles. Ils voulaient être sous terre le plus vite possible.

– Nous allons nous reposer… jusqu'au retour de Masticor.

***

Dans le village des elfes, Rollo était allongé sur le plancher de la tonnelle, lâchant des rots de satisfaction. Des paniers vides jonchaient le sol autour de lui. Il n'avait jamais eu l'estomac aussi rempli ; il se sentait rassasié. S'il devait mourir maintenant, pensa-t-il en souriant, ce serait une tragédie, mais une tragédie heureuse. Les elfes l'observaient avec dégoût et Clepto, l'elfe blond, lui demanda :

– Est-ce que tous les trolls mangent autant ?

– Aucun troll ne mange autant, nous n'en avons jamais l'occasion, répondit Rollo en rotant.

– Est-ce donc si moche, là d'où tu viens ? demanda l'elfe. Est-ce pour cela que vous voulez nous envahir ?

– Nous ne voulons pas vous envahir, répliqua Rollo en roulant sur le côté. En fait, l'un d'entre nous voulait le faire, mais il a disparu. Les trolls croyaient que nous allions construire un pont au-dessus du Gouffre, afin de devenir vos amis.

Les elfes éclatèrent de rire en entendant ces paroles naïves.

– Amis avec les trolls, les ogres et les goules ? lança Clepto avec surprise.

– Euh… il n'y a plus de goules, rétorqua Rollo. Et nous craignons autant les fées et les elfes que vous nous craignez.

Cette phrase fit grimacer le visage de l'elfe.

– L'idée de construire un pont au-dessus du Gouffre est ridicule.

– Aussi ridicule qu'un troll qui vole, répondit Rollo, mais voilà, je suis là.

Il leva les yeux et aperçut une lueur rouge brillant à travers les cimes d'arbres.

– Le jour se lève-t-il ?

– Bientôt, dit Clepto. Tu as peur du jour, n'est-ce pas ?

Rollo secoua les épaules.

– J'ai toujours aimé le jour, mais nous dormons habituellement durant la journée.

Le gros troll bâilla et s'écroula sur les planches dures de la tonnelle.

– Alors, bonne journée !

Le ronflement bruyant du troll s'éleva dans le village des elfes à cette heure matinale où plusieurs enfants se rassemblaient autour de la tonnelle. Après avoir surmonté leur peur, les jeunes elfes vinrent épier le troll avec curiosité. Les gardiens les avertirent de reculer, mais il était évident que Rollo n'allait rien troubler d'autre que le silence de ce paisible matin. Les enfants rigolaient en regardant ses pieds poilus, ses oreilles de chauve-souris et son nez couvert de verrues. Rollo les entendit vaguement à travers ses rêves où il était question de nourriture et cela le fit sourire béatement.

Lorsqu'ils le secouèrent pour le réveiller, le soleil était déjà haut dans le ciel et scintillait entre les lattes du toit.

– Allons, troll, dit le prince Rouxel. Tu n'as pas besoin de dormir toute la journée. Nous sommes prêts.

Rollo cligna des yeux devant l'elfe à barbe rousse qui lui parlait d'un ton bourru.

– Prêts à quoi? murmura-t-il.

L'elfe se renfrogna.

– À ressusciter ta petite amie. Mais je te préviens, troll, s'il s'agit d'un maléfice, j'ai une flèche empoisonnée pour toi.

Le troll grimaça, mal à l'aise, mais garda son calme.

– Je veux juste ramener Chipie chez elle, mais si nous pouvons faire mieux pour elle…

– Alors, viens, répliqua vivement l'elfe. Nous avons une longue marche à faire pour nous rendre dans un lieu bien spécial.

Rollo rota.

– Et le petit-déjeuner?

Le prince Rouxel grogna et fit signe au troll de le suivre dans une forêt émeraude à la végétation luxuriante.

CHAPITRE CINQ

BONNE ROUTE

Une fois qu'ils furent sous la terre, dans le sombre et froid tunnel, au bord du Gouffre, Ridicula et ses compagnons se sentirent plus heureux. C'était un endroit parfaitement hideux, dégoulinant, suintant, malodorant et visqueux, mais suffisamment grand pour les abriter tous. Même les trolls et les ogres pouvaient y marcher debout sans se cogner la tête. Les gnomes inspectèrent chaque centimètre de la galerie dégoûtante en y descendant et discutèrent de la moindre crevasse gluante.

Ridicula rejoignit Mouchi afin d'écouter leur conversation.

– Le tunnel est en bon état, dit-elle. Sais-tu s'il est très ancien ?

Le jeune gnome la regarda d'un air pensif.

– Vieux… très vieux. Je dirai qu'il existait déjà avant que les sorciers ne prennent Crachoutos. Ce ne sont pas les gnomes qui ont construit ce tunnel, tu sais.

– Non ? demanda Ridicula, surprise.

– Non, il est trop gros, répondit Mouchi. Les gnomes n'ont pas besoin de tant d'espace, ajouta-t-il en désignant d'un geste le vide qu'il y avait au-dessus de sa tête.

– Encore des rats ! s'exclama Pouillane, ravie, alors qu'elle marchait, suivie de Bedono et des ogres.

Des coups, des heurts et des cris horrifiés se répercutèrent le long du tunnel boueux pendant que les voyageurs avalaient leur casse-croûte.

– Alors, qui l'a construit ? demanda Ridicula.

– Va savoir, fit Mouchi. Reconnais-tu ce genre de travail ?

Ridicula le regarda d'un air ébahi.

– Veux-tu dire que ce sont les trolls qui l'ont construit ?

Mouchi dit en baissant la voix :

– Eh bien, je n'ai jamais vu les ogres construire quoi que ce soit. Ils dressent des tentes et c'est à peu près tout ce qu'ils savent faire. Mon oncle Nabo m'a dit que les trolls ont déjà été les chefs de Crachoutos. Évidemment, je pense qu'il a entendu dire cela par Rollo.

– Rollo, soupira Ridicula, d'un air rêveur. Penses-tu qu'il va bien ?

– Quelqu'un qui peut vaincre Styxus Rex et toutes ses goules peut fort bien s'occuper de lui-même, rétorqua Mouchi. Qu'en penses-tu ?

Ridicula secoua ses larges épaules, mais ne répondit pas. Maintenant qu'ils se dirigeaient vers le fond du Gouffre, elle avait l'espoir de le retrouver à temps. Elle ne savait pas pourquoi, mais elle sentait que Rollo courait un grave danger. Sans doute parce qu'elle n'était pas là pour le guider…

Mouchi poursuivit :

– Même s'il n'est pas neuf, quelqu'un l'a réaménagé récemment.

– Réaménagé ? répéta la jeune troll.

Mouchi regarda autour de lui et vit ses copains, les gnomes, inspecter le mortier luisant sur la paroi de la caverne.

– Regarde, dit Mouchi en montrant le mortier du doigt.

Ridicula ne l'aurait pas remarqué elle-même.

– C'est une réparation pour empêcher l'eau de s'infiltrer.

Ridicula fronça les sourcils.

– Mais qui… ?

– Des marches ! cria Pouillane en avant d'eux. Nous avons trouvé des marches qui descendent plus bas !

Les gnomes se pressèrent, babillant avec excitation. Mouchi se tourna vers Ridicula et haussa les épaules.

– Je m'attendais à trouver des marches. Après tout, nous ne pouvions pas aller au fond en suivant la pente.

– Non, je suppose que non, dit Ridicula, en pensant que Mouchi était brillant.

Les voyageurs s'arrêtèrent à la première fourche qu'ils trouvèrent dans le tunnel. Une cage d'escalier noyée dans la plus profonde obscurité conduisait au palier d'une galerie, un étage plus bas. Ils y trouvèrent aussi une salle taillée dans le roc et, à l'intérieur, une pile d'os recouverts de mousse, éparpillés comme les restes d'un festin.

– On dirait une salle de garde, fit le capitaine Masticor, en jetant un coup d'œil dans la pièce.

– Pour garder quoi ? demanda Bedono. Personne ne connaît cet endroit, n'est-ce pas ?

– Ils le connaissent, répondit Masticor, en levant son gourdin et sa lampe à huile. Personne ne s'oppose à ce que je passe devant ?

– Je vous en prie, dit Verna avec un sourire. Je fermerai la marche. Restons ensemble, pas de traînards.

La joyeuse bande s'engagea dans l'escalier humide. Une magnifique couche de boue pleine de moisissure ornait les parois suintantes et partout régnait une odeur de dessous de bras de goule. Les gnomes commencèrent à chanter une marche en mode mineur. Les trolls les accompagnèrent et on vit les ogres sourire en chantonnant avec eux.

***

Des elfes à la mine solennelle accompagnaient le troll, formant une longue file dans la forêt touffue. Les archers examinaient les arbres, probablement à la recherche d'oiseaux, se dit Rollo. La mère enchanteresse, Mélinda, soigneusement entourée, marchait au centre. Le cercueil de Chipie et le couteau noir en forme de serpent avaient été placés dans un filet qu'elle avait suspendu à sa poitrine. Le prince Rouxel et son serviteur, Clepto, surveillaient Rollo à la fin de la file.

Il était étrange de marcher à Bois-Joli sans entendre le joyeux ramage des oiseaux ou le froufrou des fées. *Ils sont occupés à mener leur propre bataille,* se disait Rollo.

– Prince Rouxel, dit le troll, allez-vous dire aux fées ce que nous faisons?

– Ce n'est pas nécessaire, répondit l'elfe à la barbe rousse en désignant les arbres épais et le sentier couvert de verdure. Elles nous observent. Elles nous surveillent toujours.

Rollo jeta un coup d'œil nerveux aux alentours, mais il ne vit aucune des petites créatures ailées dissimulées dans les sous-bois. Évidemment, elles voulaient passer inaperçues.

Le sentier menait au sommet des buttes rocheuses ou aux hautes collines qui parsemaient Bois-Joli. Rollo frissonna en se rappelant qu'il avait été prisonnier dans une toile d'araignée nichée dans une des crevasses du rocher. L'endroit était décoré de plumes rouges et vertes, et des elfes étaient postés sur les corniches où ils attendaient les oiseaux de pied ferme. Le cortège pénétra dans une clairière, où un cercle de petites pierres entourait un large bloc erratique. Sur le rocher, il y avait des traces et des vases en terre contenant de l'eau.

Cela ressemble à un endroit sacré avec un autel, pensa Rollo.

Les elfes se mirent respectueusement en file dans la clairière et se placèrent autour du cercle de pierres. La mère enchanteresse marcha vers le bloc du centre et déposa délicatement la boîte et le couteau sur l'autel. Elle fit signe à Rollo de venir la rejoindre, et le prince Rouxel le poussa en avant.

L'air penaud, le gros troll prit place à côté de l'aînée des elfes, qui l'encouragea d'un sourire.

– Ne sois pas nerveux, chuchota-t-elle, même si je le suis moi-même.

C'était la première fois que Rollo parlait avec Mélinda depuis qu'il avait été ramené au village. Il ravala sa salive et demanda :

– Pensez-vous que ça va marcher ?

– J'ai consulté les osselets et les plumes d'émeu, répondit Mélinda. Ils indiquent qu'il y a de la magie dans l'air aujourd'hui. Si nous échouons, cela voudra simplement dire que nous avons encore une fée morte, n'est-ce pas ?

Rollo approuva de la tête.

– Reste derrière moi, ordonna Mélinda, et ne t'inquiète pas si je commence à défaillir. Nous devons former un cercle de protection.

Le troll acquiesça de nouveau d'un signe de tête et se plaça derrière elle. Pendant que la mère enchanteresse levait les mains, les elfes se turent, les yeux rivés sur elle. Mélinda chantait d'une voix étonnamment basse, comme celle d'un ogre en train de ronfler. Les elfes, qui se tenaient par la main, commencèrent à se balancer. La plupart avaient les yeux fermés, à l'exception de ceux qui demeuraient aux aguets sur la butte. C'est alors que les fées s'élevèrent de la forêt comme de la bruine.

Ces êtres éthérés formèrent en volant un anneau autour du cercle des elfes, et leurs voix s'élevèrent comme un babil d'enfants. Tout le monde chantait et se balançait en se tenant les mains, et c'était à ce point émouvant que Rollo sentit sa fourrure se hérisser et frémir. Peut-être y avait-il vraiment de la magie dans l'air, car la forêt entière semblait briller autour d'eux.

Fébrilement, Mélinda ouvrit le cercueil et souleva le petit corps mou de Chipie. La fée ressemblait à une exquise poupée que l'elfe éleva doucement vers l'autel. Lorsque Mélinda toucha le manche du couteau noir, ses deux mains commencèrent à trembler. Elle regarda Rollo d'un air désespéré, tandis qu'il lui faisait signe de le planter dans le corps de Chipie. Même s'il lui semblait cruel de poignarder ce magnifique corps inanimé, il ne voyait pas d'autre manière d'agir.

Au moment où la mère enchanteresse s'apprêtait à faire pénétrer la lame dans la poitrine de Chipie, le couteau se mit à briller d'une lumière verte et l'arme rayonnante se tordit dans ses mains, pareil à un serpent. Mélinda poussa un cri et faillit le laisser échapper. Aussitôt, Rollo enveloppa de ses bras le corps mince de Mélinda et retint ses mains entre les siennes. Ensemble, ils firent dévier la lame du couteau pour qu'il s'enfonce dans le corps de Chipie.

Mélinda était faible, et c'est Rollo qui fournit la force nécessaire pour percer la poitrine de la fée. Quand une goutte de sang noir perla sur la lame, la fée sursauta, comme piquée par un aiguillon. Puis elle ouvrit les yeux et dévisagea Rollo et Mélinda tandis que le chant des elfes devenait frénétique.

Il y avait vraiment de la magie dans l'air, car la fée revint à la vie. Elle bondit sur ses pieds, écarta ses ailes et se mit à papillonner dans les airs. Rollo poussa un cri, se souvenant de l'aile brisée qui semblait guérie grâce au couteau magique. Avec joie et confusion, la petite fée fila comme une flèche, puis ses yeux rencontrèrent les yeux exorbités du troll.

– Rollo ! cria-t-elle avec ravissement. Rollo, qu'est-ce que c'est que tout ça ?

– Tu es vivante ! lança-t-il joyeusement.

Il ne put rien dire de plus, Chipie fut entourée immédiatement par les fées qui, joyeuses, la tiraient par les mains, par les pieds et par les ailes. Elles riaient et voltigeaient autour d'elle, applaudies par les elfes. Un instant plus tard, Rollo fut à son tour encerclé par les elfes et les fées, qui lui serraient la main et lui tapaient sur le dos. Même Mélinda le serra dans ses bras et bientôt une douzaine d'elfes en firent autant.

Pendant tout ce temps, Rollo gardait l'œil sur une chose : le couteau. Il ne voulait pas le perdre. Il tendit la main vers la sombre lame une fraction de seconde avant que le prince Rouxel n'ait eu le temps de le prendre. L'elfe roux lui jeta d'abord un regard furieux avant de lui adresser un large sourire et de lui administrer une grande tape dans le dos. Les elfes en liesse voulurent porter Rollo en triomphe sur leurs épaules, mais ils en furent incapables malgré leur nombre.

Rollo réussit toutefois à glisser le couteau dans le fourreau de sa ceinture. Le tumulte se poursuivit dans la clairière sacrée jusqu'à ce que le prince Rouxel ait une merveilleuse idée.

– Faisons un festin ! lança le chef. Retournons au village !

La foule rugit son approbation et tous se retrouvèrent en train de marcher dans la forêt. La promesse de manger poussa Rollo au premier rang, mais il était impossible de courir avec toutes ces fées qui se posaient sur sa tête pour l'embrasser et le toucher. Elles ne cessaient de répéter : « Vive Rollo ! »

Le jeune troll sentit qu'on lui tirait l'oreille, un geste qui lui était devenu familier, et il perçut le poids d'un petit être sur son épaule. Il tourna la tête et vit Chipie, les yeux brillants de larmes. Elle sourit et dit :

– Merci, Rollo. Tu m'as ramenée à la maison.

– Est-ce que tu vas bien ? lui demanda-t-il avec inquiétude.

– Je ne me suis jamais sentie aussi bien ! répondit allègrement la fée. Tu t'es servi du couteau noir ?

– Oui, et j'étais un peu inquiet, avoua-t-il.

– De moi ? dit Chipie avec un rire malicieux. Je suis habituée à la magie. Raconte-moi ce qui s'est passé. Qu'est devenu Styxus Rex ?

– Il s'est noyé dans la rivière, mais nous n'avons pas retrouvé son corps.

– Et Crachoutos ?

Rollo secoua ses énormes épaules.

– Les habitants ont voulu que je devienne leur roi, mais je devais d'abord venir ici avec toi.

Chipie sourit et applaudit.

– Alors Crachoutos est libre ! Les trolls sont libres ! Tout est bien qui finit bien, non ?

– Sauf que tu étais morte, répondit Rollo.

Même s'il était habitué à parler avec des goules, il trouvait tout de même étrange de s'adresser à un être qui était mort cinq minutes auparavant.

– Es-tu certaine que tout va bien ?

Elle lui pinça l'oreille.

– Ne te fais pas de souci pour moi, Rollo. Être morte… c'est comme dormir trop longtemps après un gros repas. C'est ce que tu vas faire, pas vrai ?

Rollo rit.

– Oui, c'est ce que je vais faire.

– Je dois retourner auprès de mes amis et de ma famille, dit Chipie en voletant dans les airs. Je te reverrai à la fête.

– D'accord ! répondit-il.

Il se tourna pour lui envoyer la main, mais elle avait déjà disparu, rejoignant un énorme essaim de fées babillardes.

***

« Un escargot géant ! » cria Pouillane. Bedono et elle se poussèrent devant le capitaine Masticor et déboulèrent les marches vers une grosse bête à carapace qui laissait un filet de bave au plafond. Tous deux salivaient déjà à l'idée de manger de la viande fraîche.

– Calmez-vous ! cria Ridicula.

Elle voulait que les gnomes et le capitaine Masticor ouvrent la marche, parce qu'ils tenaient la lumière et faisaient preuve de prudence. Mais il était trop tard. Quand Pouillane et Bedono atteignirent le mollusque, plusieurs marches s'affaissèrent et ils tombèrent dans le vide.

– Attention ! hurla Masticor.

Le gros ogre ouvrit les bras et empêcha les autres de plonger la tête la première dans le trou.

– C'est un piège ! Ces marches sont piégées ! Que personne ne bouge !

Les autres se heurtèrent dans l'escalier, poussant Masticor en avant. Pris de court, l'ogre parvint à s'arrêter avant de tomber avec les trolls dans le trou.

– Que personne ne bouge ! beugla-t-il, pendant que le gros escargot s'esquivait en toute quiétude.

– C'est ce que nous essayons de faire, dit Ridicula. Où sont-ils ?

Masticor secoua les épaules et tenta de voir dans l'obscurité devant lui.

– À l'aide ! couina une voix effrayée s'élevant des profondeurs.

Il distinguait des griffes enfoncées dans la dernière marche, là où s'ouvrait le vide, et Masticor s'agenouilla pour les saisir. Grognant sous l'effort, il parvint à tirer Bedono.

– Vous les trolls, vous mangez trop ! grommela Masticor. Comme tu es lourd !

– C'est parce que Pouillane est accrochée à mes pieds, murmura le jeune troll.

– Aidez-le ! fit Verna, qui joua du coude et parvint à saisir l'autre griffe de Bedono.

Les gnomes murmuraient avec inquiétude et essayaient de se cacher. Ridicula voulait les aider, mais elle obéissait à l'ordre de Masticor et n'osait bouger. Les vieilles habitudes, contractées alors que les ogres étaient les patrons, étaient dures à rompre.

Au prix d'un effort considérable, les ogres parvinrent à hisser Bedono et Pouillane hors du trou. Pendant plusieurs minutes, ils restèrent pantelants sur les marches. Ridicula s'avança avec sa lanterne et fit de la lumière dans l'enceinte. Même si les rayons descendaient à cinq mètres, elle ne pouvait voir le fond.

– Vous avez eu de la chance tous les deux, dit-elle à Pouillane et à Bedono. La prochaine fois, ne laissez pas votre estomac dominer vos méninges.

– Comment allons-nous traverser? demanda Mouchi avec inquiétude.

Ridicula allait répondre qu'ils pouvaient sauter de l'autre côté, mais elle prit conscience que les gnomes étaient trop petits pour le faire.

– Nous devons examiner les marches de l'autre côté, répondit-elle. En fait, nous devrons examiner toutes les marches. Avec un bâton, ça sera facile… mais long.

– Quels sont les monstres qui ont pu construire un piège pareil? grommela Pouillane.

– Des trolls, fit Ridicula. J'ai remarqué qu'il s'agit d'un système à contrepoids et d'un levier, du type de ceux que nous utilisons. Ce piège fonctionne comme un pont-levis. Plus loin, nous pousserons sans doute une marche qui le fermera.

– C'est étonnant, dit Bedono. Hé, où est passé l'escargot?

– Oublie l'escargot, lança Ridicula. Marchons lentement. Nous allons attacher deux bâtons ensemble pour faire une perche et les gnomes passeront devant.

– Pourquoi les gnomes doivent-ils passer en premier ? protesta Mouchi.

– Parce qu'ils sont plus légers, répliqua Ridicula. Et nous pouvons les lancer de l'autre côté du trou.

Mouchi fronça les sourcils.

– Nous lancer de l'autre côté ? Ça me semble dangereux.

Ridicula secoua la tête.

– Je pensais que tu cherchais l'aventure… Eh bien, tu l'as trouvée.

Mouchi ravala sa salive et regarda ses amis derrière lui. Quelques minutes plus tard, ils descendaient les marches… très lentement. Les gnomes sondaient chacune d'elles avec une perche avant d'y poser le pied. Ils appréciaient tous le tunnel frais et visqueux, et éprouvaient le plus grand respect pour ceux qui l'avaient construit.

Constatant qu'ils avaient besoin de reprendre leurs esprits, Ridicula leur donna la permission de dormir quelques heures. Allongée sur une marche dure, essayant de trouver une position confortable, elle se demanda ce que faisait Rollo en ce moment. Souffrait-il ? Était-il en danger ?

Pourquoi me faire du souci pour lui ? se dit-elle *Rollo n'est qu'un moyen pour moi de devenir reine, la première reine de Crachoutos.*

Mais une reine ne valait pas grand-chose sans son roi.

***

Rollo rota en s'éloignant de la table, la bûche tomba et il roula sur le sol. Les elfes et les fées l'entourèrent et éclatèrent de rire parce qu'ils n'avaient jamais vu un troll manger au point d'en être ridicule. Rollo affirma que, lui non plus, il n'avait jamais vu un troll aussi ridicule, parce qu'il n'y avait pas assez de nourriture au marais pour manger à ce point.

La table du banquet était encore remplie de mets exotiques, de fruits, de noix, de champignons, de légumes, de volailles, de pain et de pâtés, ainsi que de somptueux desserts au miel. Toutes les minutes, lui semblait-il, les cuisiniers apportaient de nouveaux plateaux de nourriture ! Rollo n'en pouvait plus, il était plein comme un œuf. La nuit était tombée depuis quelques heures, et des elfes et des fées arrivaient des autres villages pour participer au festin. Apparemment, la fête allait se poursuivre durant plusieurs jours.

– Tu en as assez ? chuchota une voix mutine à son oreille.

Au prix d'un grand effort, Rollo tourna la tête et vit une fée prise de fou rire. Devant l'expression douloureuse du troll, Chipie rit deux fois plus fort. Puis elle sauta sur son ventre enflé et le massa gentiment.

– Pauvre troll, tu as besoin de te reposer. Laisse les autres prendre la relève. Nous te conduisons dans une hutte.

La fée rassembla une douzaine d'elfes qui l'aidèrent à relever le troll repu. Tout se brouilla devant lui et, d'un pas chancelant, il se laissa tomber dans la hutte la plus proche. Chipie remercia les elfes et chuchota à l'oreille de Rollo:

– Je dois aller monter la garde contre les oiseaux. Et toi, tu dois dormir, susurra-t-elle. Tu mérites de te reposer après tout ce que tu as fait.

Avec un rot, Rollo approuva de la tête et ferma les yeux. Instinctivement, sa main chercha le couteau noir dans sa ceinture, et le trouva, en sécurité dans son étui.

– Bonne nuit, Chipie, dit-il avec un sourire de satisfaction.

– Bonne nuit, mon ami, répondit la magnifique fée.

Lorsque Rollo se réveilla, la lumière du jour déferlait par l'entrée de la hutte. Il se frotta les yeux et roula sur le côté. Il avait l'estomac lourd comme s'il avait bu la moitié du Morne Marais, mais il parvint à se lever. Rollo entendait des rires et des bavardages dehors et il savait que la fête allait encore bon train.

Peut-être que j'ai encore un petit creux, se dit-il.

En se dirigeant vers la porte, le troll chercha la poignée du couteau noir, mais l'étui était vide. Le couteau en forme de serpent avait disparu !

Rollo s'agenouilla et ratissa le sol battu de la hutte, mais le couteau ne s'y trouvait pas. Il l'avait pourtant touché lorsqu'il s'était couché la veille, il en était certain. Mais il n'était plus là.

Quelqu'un a dû le voler ! Mais qui ?

D'un pas lourd, le troll franchit la porte et marcha jusqu'au milieu du village. Les festivités se poursuivaient ; il y avait encore plus d'elfes et de fées que la veille. Du moins lui semblait-il. Rollo chercha le prince Rouxel qui avait essayé de s'emparer du couteau. Il trouva le chef des elfes assis à la table du banquet, buvant du vin de miel.

– Bonjour, Rollo ! lui lança le prince Rouxel. Nous trinquions justement à ta santé !

– L'avez-vous pris ? demanda Rollo d'un air fâché.

– Pris quoi ? répliqua l'elfe, le sourire pâlissant.

Soudain Rollo comprit qu'il avait commis une erreur, mais il était trop tard.

– Le couteau noir, il a disparu.

Le prince Rouxel bondit sur ses pieds; la rage se lisait sur son visage barbu.

– Si c'est une plaisanterie…, dit-il d'un ton glacial.

– Ce n'est pas une plaisanterie, répondit Rollo d'un air sombre. On me l'a volé pendant que je dormais. N'importe qui peut avoir pénétré dans la hutte.

Une main lui toucha l'épaule et Rollo se retourna. C'était Mélinda l'enchanteresse.

– C'est très grave, dit-elle en fronçant les sourcils. Qui peut vouloir ce couteau?

Il secoua les épaules.

– Eh bien, quelqu'un qui veut rendre la vie aux morts, je suppose.

À travers la brume de son cerveau, Rollo voyait poindre la réponse à la question de Mélinda.

– Où est Chipie?

– Pourquoi cherches-tu la fée? demanda l'enchanteresse.

– Chipie! cria le troll.

– Chipie? demanda le prince Rouxel soudain en proie à l'inquiétude.

Il regarda les fées réunies autour de la table.

– Qu'est devenue Chipie?

– Nous ne le savons pas! crièrent les fées d'un air craintif.

– Trouvez-la ! rugit l'elfe.

Aussitôt, les fées s'élancèrent dans le ciel. En quelques secondes, un large essaim se forma au-dessus des cimes, allant et venant comme un nuage diffus. Rollo avait l'estomac noué en observant les petites fées qui cherchaient en vain une des leurs. Leurs appels se multipliaient et l'écho répétait le nom de Chipie à l'infini à travers la forêt.

Lorsqu'elles revinrent sur terre, Rollo s'arma de courage pour encaisser la mauvaise nouvelle.

– Chipie a disparu, déclara une fée âgée. Personne ne l'a vue depuis hier soir.

Tous les regards s'étaient tournés vers Rollo, exprimant la suspicion et la colère. Le prince Rouxel tira une flèche de son carquois et la mit dans son arc.

– J'avais dit que j'avais une flèche empoisonnée pour toi si tu nous trahissais.

– Attendez ! supplia Rollo. Je ne savais pas ce qu'elle allait faire ! Nous n'en savons rien !

La mère enchanteresse abaissa l'arc de Rouxel.

– Si tel avait été le plan de Rollo, il se serait enfui lui aussi.

– Peut-être est-il un piètre conspirateur, répondit le rouquin. Emprisonnez-le jusqu'à ce que nous sachions ce qui s'est passé. N'essaie pas de voler, sinon une douzaine de flèches te transperceront avant que tu n'atteignes les arbres.

– Non, murmura Rollo.

Les elfes et les fées l'entourèrent et il baissa sa tête embroussaillée. *Peut-être devrais-je recevoir la flèche empoisonnée dans la poitrine*, se dit-il, *parce que c'est tout ce que je mérite.* Rouxel avait raison, il était incroyablement bête d'avoir utilisé ce couteau maléfique. C'était le même couteau que Styxus Rex avait utilisé pour créer des goules.

Bien sûr, le couteau ramène les morts à la vie, mais que leur fait-il d'autre?

CHAPITRE SIX

LE DIABLE MORT

Chipie voltigeait au-dessus de la rivière Glacia, scrutant l'eau glacée d'un regard intense. Accroché à une large branche, le corps de Styxus Rex reposait sous les rapides. Les pans de sa tunique noire flottaient dans le courant, et le visage du sorcier semblait paisible, ses traits osseux atténués par la pâleur, le froid et la mort. Le couteau était entre les mains de la fée ; il était presque aussi gros qu'elle. À présent qu'elle avait trouvé son maître, l'arme s'était mise à luire, enrobée d'une aura verte.

Chipie battait des ailes frénétiquement, essayant de garder son équilibre en transportant le lourd couteau. Elle ne savait pas au juste ce qu'elle devait faire. Même si on s'était servi du couteau serpent sur elle, elle n'avait jamais vu personne l'utilisait. La fée jeta un coup d'œil à la blessure noire sur sa poitrine et soudain elle comprit ce qu'elle devait faire.

Elle plongea dans la rivière, la dague pointée en avant. Dès que la lame frappa le sorcier, il ouvrit les yeux et aussitôt il empoigna Chipie. S'envolant sans effort, Styxus Rex s'éleva avec la fée hors de la rivière glacée et flotta jusqu'à la rive. Ils atterrirent sains et saufs sur le sol, et le sorcier s'ébroua pour se sécher, pareil à un gros chien mouillé.

Il retira délicatement le couteau des mains de la folle fée et la déposa sur la nappe de boue.

– Ah, mon fidèle couteau m'a encore sauvé la vie ! glapit Styxus Rex avant de ranger l'arme dans sa ceinture en frissonnant.

– Je déteste être mort.

– Moi aussi, murmura Chipie. Bienvenue à la maison !

Le sorcier sourit avec malveillance.

– Et j'ai une nouvelle alliée. Est-ce que ce fou s'est servi de ce couteau sur toi ?

– Oui, maître, répondit Chipie avec courtoisie.

Styxus Rex éclata de rire.

– Je pense que Rollo est ensorcelé par ce couteau autant que nous. Je suppose qu'il n'a pas deviné que tu deviendrais une vilaine fée.

– Non, maître, dit Chipie en ricanant. Je l'ai volé pendant qu'il dormait.

– Beau travail, petite, déclara Styxus Rex. J'étais un merveilleux diable, et je serai encore plus malin que jamais !

Chipie battit des mains.

– Bravo, maître !

– Alors, que s'est-il passé à Crachoutos et à Bois-Joli ?

La fée secoua les épaules.

– Je n'en sais trop rien, j'étais morte jusqu'à hier. Rollo m'a dit que les gens voulaient qu'il devienne le roi de Crachoutos.

Le sorcier grimaça de dégoût.

– Ce fou qui se mêle de tout ? Alors il a cru me voler mon boulot, n'est-ce pas ? Il faudra qu'il me passe sur le corps !

Ils rirent tous les deux de la blague. Styxus Rex frottait son menton plein de verrues et toisa la fée trempée.

– J'ai perdu toutes mes goules, mais j'ai trouvé une complice.

– Oui, maître, répondit Chipie radieuse. Peut-être que j'aurai le pouvoir de jeter des sorts qui feront éternuer de plus en plus de personnes et qu'elles se gratteront sans arrêt ?

– Espérons-le, répondit le sorcier. Au moins j'aurai une alliée qui peut voler de ses propres ailes. Et qui me sera fidèle. Tu seras loyale, n'est-ce pas ?

– Nous sommes unis dans le mal, assura la folle fée avec un éclair de malice dans les yeux.

– Alors, suis-moi, chère complice, fit Styxus Rex, s'élevant dans le ciel lugubre au-dessus de la rivière Glacia. Nous avons beaucoup à faire.

***

– Qu'est-ce que c'est que ça? demanda Ridicula avec étonnement.

Les trolls, les ogres et les gnomes se tenaient devant une grande caverne remplie de piliers renversés et de statues brisées. À la lumière vacillante des lanternes, ils voyaient seulement une partie des ruines, mais ce qu'ils avaient devant eux ressemblait à la cour d'une grande cité de pierre. Il leur était impossible de dire quelle sorte de créatures avaient habité cet endroit, personne à Crachoutos ne connaissant un lieu pareil. Ridicula n'avait jamais vu une cité de pierre, encore moins sous la terre.

Même si les statues étaient en pièces, elles ne semblaient pas représenter des créatures avec deux jambes et deux bras. Ces statues avaient de longues queues et de longues ailes, à en juger par les fragments répandus sur le sol. Le plancher lui-même était composé d'une étrange mosaïque aux motifs compliqués, qui avait dû être magnifique à l'époque. Maintenant elle était recouverte de poussière et de débris accumulés depuis la nuit des temps.

La mâchoire pendante, Ridicula s'introduisit dans la cité en ruine.

– Fais attention ! avertit Masticor. C'est peut-être un autre piège.

Ridicula s'arrêta. Elle entendait une bestiole fureter dans l'ombre et elle entrevit quelque chose qui rampait entre les débris : c'était gros et vert avec des épines sur le dos. Les gnomes disparurent et tout le monde recula, à l'exception de Pouillane, qui continua d'avancer.

– Ça ressemble à un casse-croûte, dit la troll musclée.

– Pouillane, chuchota Ridicula, cette bête doit mesurer sept mètres.

La troll se léchait les babines.

– C'est assez pour nourrir tout le monde !

Verna s'avança et dit :

– Je ne vois pas de chemin pour la contourner. Nous devrons probablement traverser cet endroit pour trouver les marches.

– Restez regroupés, ordonna Masticor en agitant son gourdin. Les sourcils froncés, le gros ogre inspectait les alentours.

– Que quelqu'un trouve les gnomes ! ajouta-t-il.

D'entre les ruines plongées dans l'ombre, un sifflement s'éleva et les ogres et les trolls se placèrent en position de combat. Ridicula avait raté l'entraînement à la rivière Glacia; elle se glissa derrière Pouillane. Bedono fit de même. Ce n'était pas trop tôt. Une bête, apparemment un croisement entre un lézard et un poisson-chat, bondit entre les ruines. Elle eut le temps d'attraper un ogre et de l'avaler au complet avant que Verna, Masticor et les autres ne lui tombent dessus avec leurs gourdins et leurs épées.

La bête pleine de rage se débattit sous les coups, mais elle avait déjà la gueule pleine. Voyant qu'elle tentait de s'esquiver, les ogres prirent plaisir à la tabasser. Pouillane les rejoignit, tentant de couper un bout de queue de l'animal. Il semblait avoir une peau écailleuse et épaisse comme celle d'un crocodile, et Ridicula se demanda s'il y avait un marécage dans les environs. À coups de masse, les ogres pourchassèrent le monstre dans la cour des piliers où il tentait de trouver refuge.

– Mouchi ! cria Ridicula. Fais venir les gnomes ici ! Faites de la place.

Avec hésitation, l'eau à la bouche, les gnomes surgirent pour participer à la poursuite. Ils ne combattirent pas, mais s'employèrent à repousser les débris afin de permettre aux guerriers d'atteindre la bête. Les ogres avaient le dessus, malgré la perte d'un des leurs, jusqu'à ce qu'un autre sifflement s'élève du fond de l'immense caverne. Personne ne sembla entendre, tous étant pris par le jeu de massacre. Toutefois, Ridicula entendit des clapotements surgissant des profondeurs de la salle.

Elle contourna le champ de bataille en suivant le son et découvrit un bassin scintillant au centre d'un ensemble de piliers. Et soudain, elle entrevit l'endroit, tel qu'il avait été par le passé ; c'était le temple d'une ancienne déesse. Et cette divinité était en train de sortir lourdement du bassin pendant qu'elle, Ridicula, la contemplait en écarquillant les yeux. La créature était la réplique de celle qu'elle avait aperçue tout à l'heure, un reptile amphibie orné d'énormes épines, mais cinq fois plus gros que l'autre.

Les acclamations et les mugissements derrière elle annonçaient que la bande avait vaincu la première des deux bêtes.

– Pouvons-nous découper Rondo ? demanda Masticor, en regardant dans la gueule de la bête, à la recherche de l'ogre.

– Faites un feu ! cria Pouillane. Faisons-le rôtir, peu importe ce que c'est !

– Quel bel endroit ! siffla Mouchi. J'aimerais rester ici pour toujours !

– Euh... camarades, dit Ridicula, en revenant vers eux. J'aimerais vous dire quelque chose.

– Pas maintenant, dit Pouillane, nous sommes occupés. Capitaine Masticor, j'ai besoin de votre grosse épée pour découper ce poisson.

– Tu vas avoir besoin d'une plus grosse épée que celle-là, répliqua Ridicula en déglutissant.

Elle agrippa Pouillane par le poil de ses épaules et la fit pivoter pour qu'elle voie la créature qui approchait. La troll avait les yeux plus grands que la panse et elle s'exclama :

– Oh ! ça, c'est un petit-déjeuner, un déjeuner et un dîner.

Tout le monde se retourna pour faire face à cette monstruosité mesurant environ trente mètres de long et dix mètres de haut. Heureusement, elle se déplaçait lentement, à cause de son gros ventre et de ses jambes rudimentaires.

Les gnomes s'éclipsèrent une fois de plus, mais Ridicula attrapa rapidement Mouchi et le souleva du sol.

– Oh, non ! tu ne te sauveras pas ! Toi et tes gnomes allez contourner cette bestiole et trouver le chemin qui mène en bas. Nous allons la distraire.

– Ouais, pendant qu'elle nous mangera! dit Bedono en tremblant.

Masticor, Verna et les ogres commencèrent à donner des coups de gourdin sur la mosaïque, défiant la bête, lui lançant des cris et des injures. Ils lui lancèrent diverses choses et la créature s'éloigna de plus en plus vite. Les gnomes disparurent au milieu des ruines à la recherche de l'escalier.

Le monstre s'arrêta devant le corps de son compagnon et, Ridicula aurait pu le jurer, un éclair de colère brilla dans ses yeux roses. Verna sortit prestement une flèche de son carquois, visa et perça le museau plein de bave de la bête. Celle-ci entrouvrit sa gueule poilue et rugit, ce qui fit s'effondrer d'autres piliers sur le sol de la caverne.

– Écartez-vous! ordonna Masticor en ramassant une pierre de la grosseur d'un poing. Ne laissez pas cet animal se préparer à attaquer!

Il lança le projectile sur le flanc du monstre et la pierre rebondit dessus comme sur un mur de pierre.

Alors qu'ils s'écartaient, la bête donna un coup de queue qui heurta Bedono qui l'envoya valser à six mètres dans les airs. Le petit troll s'écrasa contre un pilier, qui se brisa en deux et faillit l'écraser. Ridicula fit signe à Pouillane et toutes deux se hâtèrent d'aller au secours de leur ami. Les ogres criaient de plus en plus fort, faisant du vacarme pour distraire la bête. Les trolls attrapèrent Bedono juste au moment où le monstre donnait un autre coup de queue. Il les rata de quelques centimètres.

– Mouchi ! cria Ridicula. Trouve le passage !

Le monstre se leva comme une couleuvre et il était sur le point de faire d'autres victimes quand Verna lui lança une lanterne. L'huile brûlante lui éclaboussa la tête et les yeux, ce qui l'exaspéra et le fit rugir de plus belle. Profitant du fait qu'il était momentanément aveuglé, ils réussirent à le contourner. Heureusement, la caverne était immense. Pliant sous l'effort, Ridicula et Pouillane transportèrent Bedono sur leurs épaules.

La bête enragée se démenait comme un poisson hors de l'eau. Plusieurs ruines se mirent à trembler et s'effondrèrent. En fait, la caverne en entier fut secouée de tremblements et des pierres dégringolèrent du plafond. Les ogres et les trolls furent forcés de courir en zigzaguant pour éviter d'être écrasés. Il semblait que personne n'allait s'en sortir vivant.

– Pssst ! siffla une voix.

Ridicula pivota sur elle-même. Mouchi lui faisait signe avec la lanterne de son casque : « Par ici ! »

Verna courut à leur suite pour se protéger des pierres qui tombaient et Ridicula sauta dans le trou avec elle.

– Prévenez les autres ! Lancez une flèche enflammée !

Les ogres approuvèrent, allumèrent une flèche et la décochèrent vers le plafond de l'énorme caverne. Il y eut des cris de reconnaissance et ils entendirent un bruit de cavalcade tandis que les ogres, les trolls et les gnomes accouraient dans leur direction.

Tout en suivant Mouchi, les deux amies filèrent dans l'étroit passage. Une tonne de pierres et de débris tomba du plafond en faisant un énorme boucan. D'épais nuages de poussière s'élevèrent et s'infiltrèrent dans le tunnel. Tous toussaient à fendre l'âme et personne n'y voyait rien quand soudain la terre s'ouvrit sous leurs pieds. Hurlant d'horreur, toute la bande déboula quelques marches.

En rageant, ils tombèrent les uns sur les autres au pied de l'escalier. Un rugissement monstrueux leur apprit que la bête savait exactement où ils s'étaient réfugiés et ils s'entassèrent pêle-mêle, cédant à la panique. Tout en transportant les blessés, pestant et grommelant, ils dévalèrent une autre volée de marches, ne s'arrêtant pas avant que les rugissements déchirants ne leur parviennent que de très loin. Puis ils s'effondrèrent, en tentant de reprendre leur souffle.

Presque tout le monde saignait et avait des bleus, et Ridicula fit rapidement le compte. Il restait trois trolls : elle-même, Pouillane et Bedono, lequel était sonné mais vivant. Il n'y avait plus que trois ogres : Masticor, Verna et Bariolo ; plus neuf gnomes, en comptant Mouchi. Cela voulait dire qu'ils n'avaient perdu que deux membres au cours de leur fuite.

– Pouvons-nous nous reposer ici ? demanda Verna, en haletant. Et panser nos blessures ?

Ridicula approuva de la tête et se laissa tomber sur les marches.

– Oui, reposons-nous.

Au bout d'un moment, le capitaine Masticor lança à la blague :

– C'est une partie de plaisir, ou quoi ?

Ils se mirent tous à rire et à siffler. Il était clair qu'aucun parmi eux n'avait jamais vécu une aventure aussi palpitante.

CHAPITRE SEPT

DU DANGER À REVENDRE

En douce, les mille-pattes passèrent à l'attaque. Ridicula suivait Masticor dans les marches du donjon quand elle aperçut une grosse bestiole qui ondulait sur son pied. À sa vue, elle tressaillit, parce que le ver mesurait un mètre de long et vingt centimètres de large.

C'était un morceau appétissant et Ridicula s'élança aussitôt vers la créature, mais Pouillane la devança. Son sourire triomphant se changea en grimace pendant que la vilaine bête s'enroulait autour de son bras en l'étreignant férocement. Pouillane lui donna une chiquenaude et la détestable bestiole vola dans les airs et atterrit sur le dos de Masticor.

– Hé ! cria le capitaine, douloureusement piqué. Ouille ! À l'aide !

Il bondit sur les marches en se démenant comme un possédé, tâtonnant en vain le cuir de son armure. Apparemment, le mille-pattes s'était blotti dans un repli de sa peau et le piquait sans relâche.

L'ogre commença à se donner des coups de gourdin dans le dos. En voyant cela, Ridicula et Pouillane se précipitèrent pour l'en empêcher. Verna arriva à son tour et, à elles trois, elles réussirent enfin à le flanquer sur les marches. Elles essayaient en vain de déchirer le cuir pour déloger le mille-pattes qui s'enfonçait de plus en plus sous les vêtements de Masticor.

– Si j'attrape cette chenille, je la ferai frire dans la graisse de larve, dit Pouillane en se léchant les lèvres.

Elles ne parvinrent à trouver l'animal que lorsqu'il remonta le long du bras de Verna, la piquant de plus belle à chaque pas. La géante criait et tentait d'attraper le ver glissant comme une anguille. La bête se faufila dans sa botte, arrachant des cris à l'ogresse. Verna sauta d'une seule jambe sur quelques marches, puis déboula dans l'obscurité en faisant « badaboum ».

Ridicula entendit les hurlements et les cris derrière elle. En se retournant, elle découvrit une scène affreuse. Chacun des gnomes était aux prises avec une multitude de mille-pattes qui rampaient dans leur fourrure et leurs vêtements et s'enroulaient autour de leur tête noueuse. Les bestioles se répandirent en grand nombre le long de l'escalier, à tel point que les marches paraissaient onduler comme les vagues d'une cascade. N'étant guère plus hauts que trois pommes, les gnomes essuyèrent le plus fort de l'attaque.

Les trolls et les ogres donnèrent des coups de gourdin sur les marches, tuant les mille-pattes qui se tortillaient à gauche et à droite. Mais il y en avait tellement que Ridicula devait bondir et tressauter comme tous les autres. Leurs piqûres étaient horribles, pareilles à des pointes de flèches enflammées perçant la pelisse. Elle se précipita contre le mur pour tuer les assaillants. Cela ne la soulagea pas ; les horribles bêtes grouillaient partout sur elle, la piquant sans relâche. Ridicula sentait peu à peu sa peau s'engourdir.

– Ils sont venimeux ! cria-t-elle, par-dessus les cris et les gémissements. Ils essaient de nous tuer !

– Et ils font du bon travail ! hurla Bedono, dansant comme un troll sur des charbons ardents. Qu'allons-nous faire ?

Ridicula, horrifiée, vit les gnomes s'affaisser sous l'effet de l'épouvantable poison. Plusieurs gnomes tombaient dans les marches et tout le monde faiblissait sous l'assaut. Même s'ils tuaient des centaines de mille-pattes, d'autres continuaient d'affluer et déferlaient le long des marches.

– Bedono, peux-tu voler ?

Le jeune troll la regarda d'un air ébahi tout en chassant les bestioles de son dos et de sa poitrine.

– Eh bien, je crois que oui.

– Nous avons vu tant de pièges qu'il doit y en avoir un autre pas loin, dit Ridicula. Passe devant, trouve-le, et brise-le. Échappe-toi en volant.

Bedono déglutit.

– Mais… je…

– Grouille-toi ! lui cria Ridicula. Nous serons derrière toi.

La chef empoigna Bedono et le poussa en bas des marches.

– Demande à Verna de t'aider, si elle en a la force !

La troll balaya les bestioles qui rampaient sur le capitaine Masticor. Elle avait besoin du gros ogre.

– Ressaisissez-vous ! ordonna Ridicula. Prenez deux gnomes et descendez plus bas ! Si vous voyez un piège sur les marches, sautez par-dessus !

Ridicula n'eut pas besoin de leur dire deux fois. Toute la bande s'ébranla en bondissant sur les marches. Les gnomes eurent un regain d'énergie et seuls quelques-uns durent être transportés. Descendre plus profondément sous terre quand ils étaient en danger était pour eux tout naturel.

La future reine n'eut aucune idée du temps qu'ils prirent pour descendre. Ils se jetaient pêle-mêle dans l'escalier, se grattant comme des fous en écrasant des mille-pattes. Mais elle fut extrêmement soulagée quand elle aperçut une lanterne qui se balançait au loin.

– Attention ! cria Verna. Il y a un trou !

Tous se mirent à courir plus vite, talonnés par des vagues de bestioles. Même si elle transportait un gnome qui se débattait contre les mille-pattes, Ridicula prit ses jambes à son cou. Elle vit un creux large et sombre où il manquait plusieurs marches et s'élança au-dessus du vide.

Verna et Bedono l'accueillirent de l'autre côté et l'empêchèrent de dégringoler le long d'une volée de marches. Ridicula écrasa son fardeau contre le mur en essayant de s'écarter du chemin où déferlaient les gnomes, les sales bêtes à leurs trousses, en proie à la panique.

La marée de mille-pattes était juste derrière et, par centaines, ils tombaient la tête la première dans le trou. À la manière des abeilles dans une ruche surpeuplée, les bestioles se divisèrent en deux sillons courant le long des murs où ils étaient accueillis à coups de gourdin. La fête continua ainsi jusqu'à ce que le dernier gnome fût de l'autre côté. Puis Verna saisit une lanterne. L'ogresse répandit un torrent d'huile brûlante sur les murs et une délicieuse odeur de rôti se répandit dans le corridor.

Même s'ils avaient détourné la horde, ils étaient encore couverts de mille-pattes. C'est à coups de dents et de griffes qu'ils les achevèrent. Alors que les ogres acculaient les mille-pattes au mur d'en face, les trolls cuisaient à mesure ceux qu'ils attrapaient. Les bestioles étaient carbonisées à souhait, noires et croustillantes, leurs petites pattes légèrement roussies. Une fumée grasse remplissait la cage d'escalier ; les voyageurs épuisés se régalaient d'un autre merveilleux festin.

– Nous devons prendre ce terrier, chuchota Pouillane à Ridicula.

Elle venait d'engloutir son quinzième mille-pattes et parlait la bouche pleine.

– C'est le meilleur endroit où vivre dans tout Crachoutos ! Il y a même une vue sur Bois-Joli, si tu aimes ce genre de choses !

Ridicula jeta un coup d'œil sur les marches où s'accumulaient les miettes de mille-pattes, les toiles d'araignées et le limon charrié par le temps. Elle sourit d'un air mélancolique.

– Oui, c'est une place digne du plus beau cauchemar, mais elle appartient à tous les citoyens de Crachoutos, pas seulement à nous. Du moins, c'est ce que Rollo dirait.

Pouillane grogna, montrant ses crocs.

– Es-tu encore en train d'essayer de me faire croire que tu sais ce que désire Rollo ? Juste parce qu'il bavait sur toi et qu'il te suivait partout comme une sangsue assoiffée de sang ? Tu ne lui as pas accordé une seule nuit et maintenant tu crois que nous devrions t'écouter au lieu de lui ? Est-il vrai qu'il t'a demandé de l'épouser ?

Ridicula serra les dents, essayant de garder son calme. Puis elle remarqua que tout le monde avait cessé de manger et de parler : les ogres et les gnomes les dévisageaient toutes les deux.

La troll potelée secoua la tête et répondit :

– Je ne vais pas me battre avec toi, Pouillane, je laisse ça aux fées et aux elfes. Lorsque nous trouverons Rollo, tu lui demanderas ce qu'il veut. Nous serons peut-être toutes les deux étonnées. Je sais seulement que je désire être la reine de Rollo, alors je vais le retrouver. Si je dois penser comme lui pour y arriver, je le ferai.

– Rollo pense d'une façon bizarre, ajouta Verna, en hochant la tête. C'est ce dont nous avons besoin à Crachoutos, car le passé est bien mort.

– Styxus Rex aussi, dit Bedono, en se levant. Alors ne discutons pas de ça. Qui veut des champignons pour dessert ?

– Des champignons, dis-tu ? demanda Pouillane en dressant l'oreille.

Bedono inclina la tête.

– En volant, j'ai cru en apercevoir au bas des marches. Je reviens tout de suite.

Masticor n'en croyait rien.

– Verna, est-ce qu'il a vraiment volé ?

L'ogresse secoua la tête.

– J'avais le nez sur mes pieds, j'étais occupée à attraper des mille-pattes et à donner des coups de gourdin. Je ne l'ai pas remarqué jusqu'à ce qu'il déclenche le piège.

– Peuh ! railla Bedono. S'il faut déployer des ailes devant toi pour que tu croies que je vole. Je vais me promener et ramener des champignons.

Avec un soupir, le petit troll saisit une lanterne et descendit les marches dans l'obscurité.

– Gare au danger ! l'avertit Ridicula.

Bedono se retourna pour les saluer et baissa les épaules. Il semblait consterné par leur refus de croire qu'il pouvait voler comme Rollo. Ridicula fronça les sourcils ; il fallait se rendre à l'évidence : l'ombre de Rollo planait au-dessus d'eux. Plus longtemps il serait absent, plus ils essayeraient de lui ressembler et de prendre sa place. Ce dont ils avaient besoin, c'était du vrai Rollo.

Tout en se parlant à lui-même, Bedono errait le long des sombres marches. Il cherchait des champignons, comme il l'avait dit, mais il voulait surtout s'éloigner du reste de la bande. Il n'avait pas vu de champignons et il n'était pas certain d'avoir volé non plus. Mais il les laissait croire ce que bon leur semblait, car il savait, lui, qu'il pouvait voler. Peut-être juste un peu.

Ne pouvant remonter avec tous ces mille-pattes entassés devant la trappe, il n'avait plus qu'à descendre. Les marches devenant soudain plus humides, le jeune troll reprit espoir d'y trouver des champignons pour le dessert.

De toute façon, j'ai l'estomac plein et je vis une grande aventure, pensait-il. *Alors qu'est-ce que ça peut faire s'ils ne reconnaissent pas ma valeur? Je vais leur montrer ce que je peux faire.*

Soudain Bedono entendit quelque chose ricocher et un étrange courant d'air tordit la flamme de sa lanterne. Il regarda autour de lui, mais ne vit que des marches formées de pierres luisantes de crasse. Il flottait d'âcres odeurs, rien d'inattendu cependant. Si son estomac n'avait pas été si plein, il aurait probablement attrapé le rat ou le lézard qui faisait du bruit. Au lieu de ça, Bedono décida d'examiner ce qui suintait dans les coins et dans les crevasses, résolu à y trouver des champignons. Il aurait aimé de gros champignons bien juteux, mais il ne dédaignerait pas les petits maigres.

À l'aide de son gourdin, il fouilla la mousse bleu-vert et le limon jaune. *Il n'y a pas assez de lumière ici pour faire mousser une boue savoureuse,* décida-t-il en plissant le nez. Bedono s'attarda le long des marches, reniflant la coulée de bave verte qui suintait. Il ne trouva aucun champignon, mais trébucha sur une vieille botte fort intéressante.

En levant les yeux, il découvrit que la botte était attachée à une jambe recouverte d'une guêtre verte. Il ravala sa salive; ses yeux remontèrent un peu plus haut, jusqu'à une large ceinture, surmontée d'une chemise rouge et d'un gilet vert. Entre les deux se trouvait un arc bandé et armé d'une flèche. L'apparition avait un visage barbu, des yeux bleus et ne ressemblait à aucun habitant de Crachoutos. L'être mesurait environ un mètre cinquante, soit vingt centimètres de moins que Bedono, qui était petit pour un troll.

Bedono se pencha en arrière et tenta de sourire à l'étranger, un elfe, sans doute. Le timide sourire de Bedono se transforma en un rictus et il poussa un cri angoissé au moment où il vit que les marches sous lui étaient bondées d'elfes. Ceux-ci furent tout aussi surpris d'apercevoir cette étrange créature qui rampait dans la boue, qu'ils voyaient pour la première fois de leur vie, et qui était nul autre qu'un troll.

– À l'aide ! Les elfes ! Les elfes attaquent ! cria-t-il, certain d'être transformé en tas de fumier.

Bedono remonta les marches tant bien que mal pendant que des mains lui empoignaient les jambes. Quand il se libéra, une flèche fendit l'air. Le troll se jeta par terre, évitant deux autres projectiles, mais la quatrième s'enfonça dans son dos. Bedono hurla de colère et d'indignation et bien qu'il voulût retirer la flèche, il ne put l'atteindre. En réalité, la douleur n'était pas si terrible, elle l'incitait même à courir plus vite.

– Les elfes ! Les fées ! gémit-il. Ils attaquent !

Ridicula et Pouillane furent les premières à le rejoindre et à voir la flèche plantée dans son dos. Lorsque les ogres survinrent à leur tour, la lueur de la bataille brillait dans leurs yeux jaunes. Masticor, Verna et Bariolo sortirent leurs boucliers juste à temps, au moment où la galerie se remplissait de flèches sifflantes. La plupart d'entre elles rebondirent sur les murs et tombèrent aux pieds des membres de la bande.

Bedono et Ridicula, armés de gourdins et de masses, se tapirent derrière les ogres et Pouillane. Ridicula vit que les gnomes, intelligents mais peureux, avaient installé des crochets derrière et déroulaient des câbles dans le trou où les mille-pattes s'étaient écrasés. En moins de cinq secondes, ils avaient disparu.

– Lorsqu'il n'y aura plus de flèches, nous attaquerons! gueula Masticor. À mon commandement!

Ridicula était ravie de laisser Masticor prendre les devants. Elle regarda Bedono et essaya d'imaginer comment elle pourrait retirer la flèche de son dos. Il frissonnait et se frottait les épaules, ne semblant pas trop incommodé, quoique légèrement étourdi, et affichait un sourire niais.

– Est-ce qu'il neige? demanda-t-il. Il fait extrêmement froid.

– Froid? répliqua Ridicula qui tremblait de peur et à cause de la proximité des lanternes qu'elle surveillait. Est-ce que tu te sens bien?

– Je ne me suis jamais senti aussi bien! répondit-il en hoquetant. Je pense que je vais piquer un somme.

Et sur ces mots, Bedono s'endormit.

Ridicula était inquiète.

– Masticor ! appela-t-elle par-dessus le bruit de la bataille. Leurs flèches sont-elles empoisonnées ?

– C'est ce que j'ai toujours entendu dire ! hurla le gros ogre.

La volée de flèches diminua et Ridicula pouvait voir que le capitaine levait son gourdin et se préparait à attaquer.

– À vos postes !

Les ogres et Pouillane avaient les nerfs tendus. Il y avait tout juste assez d'espace dans l'escalier pour permettre à quatre d'entre eux d'attaquer. Ridicula n'était pas déçue de rester avec Bedono. Étendu sur les marches, il tremblait de plus belle. Il avait certainement été empoisonné. Elle le secoua et essaya de le réveiller.

– Bedono ! M'entends-tu ?

Masticor se redressa et rugit :

– Écrasez leurs jolies petites têtes !

– Dehors, les elfes ! hurla Pouillane.

Avec un hurlement à glacer le sang, les guerriers se levèrent et dévalèrent les marches. Ridicula était déchirée, ne sachant que faire. Elle ne voulait pas laisser Bedono tout seul, mais elle savait que s'ils ne parvenaient pas à vaincre les envahisseurs, ils recevraient tous des flèches empoisonnées.

– Je vais revenir, promit-elle à Bedono, qui tremblait trop pour l'entendre.

La troll potelée bondit sur ses pieds, saisit son gourdin et s'avança dans la mêlée.

CHAPITRE HUIT

ENCORE PLUS LOIN

Pour Ridicula, la bataille se déroulait dans la plus grande confusion. Les ogres avaient le dessus avec leurs gros gourdins et les elfes placés en avant regrettaient d'avoir attaqué les premiers. Masticor, Verna, Bariolo et Pouillane fracassaient leurs ennemis, déclenchant toute une débandade dans l'autre camp. Les elfes jouaient à saute-mouton en descendant les marches et, massés au pied de l'escalier, ils lancèrent une autre volée de flèches. Ils parvinrent ainsi à ralentir le capitaine Masticor et ses compagnons qui devaient s'abriter derrière les boucliers.

– Ridicula ! hurla Masticor. Tue tous ceux que nous avons laissés vivants !

La jeune troll déglutit et contempla le carnage. Quatre elfes gisaient sur les marches, le crâne défoncé, et le cinquième râlait à fendre l'âme. Il avait reçu un coup à l'estomac et il n'avait plus d'air dans les poumons. Ridicula allait l'achever d'un coup de gourdin, ce qui n'était pas très difficile, si ce n'est qu'il leva les yeux vers elle, des yeux d'un bleu qu'elle n'avait jamais vu. La troll n'avait jamais vu d'yeux bleus, et en outre, ces yeux étaient les yeux les plus bleus du monde.

Les cheveux blonds de l'elfe étaient éclaboussés de sang, mais sa tête était intacte. Son petit corps était plié en deux ; il pouvait à peine se redresser.

– De grâce, suppliait-il, épargnez-moi.

Ridicula entendit des pas lourds résonner sur les marches. Le capitaine Masticor chancelait au-dessus d'eux. Il leva son gourdin maculé de sang et serra les dents.

– Je t'ai dit de le *tuer* !

Il abaissa son arme, mais Ridicula bondit devant l'elfe blessé et saisit le bras de Masticor.

– Non ! ordonna-t-elle.

L'ogre avait les yeux injectés de sang et elle parvint à peine à arrêter le coup. Masticor la fixait et sa crinière noire se hérissait.

– Tu ne connais rien à la guerre, jeune troll ! Pourquoi veux-tu l'épargner ?

– Bedono est là-haut, il a reçu une flèche dans le dos.

Elle regarda le prisonnier.

– Elle est empoisonnée, n'est-ce pas ?

L'elfe hocha la tête d'un air mécontent et l'ogre changea d'attitude.

– Peut-être que j'ai voulu agir trop vite. Alors, veux-tu échanger la vie de l'elfe contre celle de Bedono ?

– Je pensais à quelque chose de ce genre.

– Vous devriez vous décider au plus vite, dit le prisonnier en reprenant son souffle. Nous pouvons lui administrer un antidote.

Ridicula le fixait.

– Combien de temps lui reste-t-il ?

– S'il était un elfe, il serait déjà mort, répondit la perspicace créature. Je m'appelle Dellor. Laissez-moi rejoindre mes compagnons et je rapporterai le remède.

Masticor bouillait de rage.

– Nous ne pouvons le laisser y aller ! Nous prend-il pour des imbéciles ?

Dellor regarda les elfes qui gisaient par terre.

– Jusqu'à présent, c'est nous qui subissons la défaite. Pas un d'entre vous ne peut se rendre là-bas sans risquer de recevoir une douzaine de flèches. Laissez-moi y aller et nous sauverons une vie.

– Allez-y ! ordonna Ridicula. Mais si vous échouez, je vous poursuivrai dans tout Bois-Joli.

L'elfe adressa un sourire fougueux à la troll costaude.

– Je crois que vous auriez l'audace de le faire.

Il enleva son chapeau et se glissa devant Masticor, qui lui jeta un regard sombre.

– Dellor, murmura l'ogre en renâclant. Vous tous en bas ! Laissez passer l'elfe et permettez-lui de revenir. Seul !

Des cris d'effroi s'élevèrent dans l'obscurité quand Dellor dépassa les autres. On entendit un étrange pépiement d'oiseau et Ridicula comprit que l'elfe lançait un signal à ses camarades.

Le capitaine Masticor gronda :

– Tu sais, nous aurions pu l'interroger… lui demander ce qu'ils fabriquent ici.

– À son retour, nous le lui demanderons, dit Ridicula.

– Ah ! quand il reviendra ! fit Masticor en ricanant.

Il redevint sombre et ajouta :

– Il y a beaucoup d'elfes. Je crains fort que ce voyage ne soit plus périlleux que prévu. Tu sais, si nous retournions à Moisis-les-Prés, nous pourrions rassembler une grande armée en racontant que les elfes veulent envahir Crachoutos. Nous pourrions revenir ici en force.

À son tour, Ridicula lui jeta un regard mécontent.

– Vous avez peur d'une poignée d'elfes, vous, capitaine ? Ils savent bien qu'ils se trouvent sur notre territoire, du mauvais côté du Gouffre, et qu'ils doivent déguerpir.

– Ils feraient mieux de le faire ! fulmina Masticor. Et nous devrions prévenir tout le monde à Crachoutos.

– Nous allons nous en tenir à notre mission, répondit gravement Ridicula. Nous nous chargerons d'eux nous-mêmes.

La troll rondelette regarda l'escalier d'un air las.

– En outre, ils savent peut-être quelque chose à propos de Rollo.

– Ah, oui, Rollo, grogna Masticor en essuyant son gourdin sur un elfe mort.

Ridicula remonta les marches. Elle s'inquiétait pour Bedono qui tremblait de froid. Il claquait des dents et ses lèvres étaient encore plus bleues que d'habitude. Elle enveloppa Bedono de ses gros biceps et l'appuya contre sa poitrine afin de lui transmettre sa chaleur. Les dents du malheureux cessèrent de s'entrechoquer et il esquissa un sourire. Malgré cela, son souffle demeurait inégal et son pouls s'affaiblissait.

La troll entendit des cris provenant d'en bas. Dellor revenait.

– Dites-lui de se dépêcher ! cria-t-elle.

Les rugissements de Masticor se multiplièrent. L'elfe blond gravissait les marches vers

Ridicula et le malade. Son visage pâlit lorsqu'il aperçut le troll tremblant et, sans perdre de temps, il retira la flèche. Puis, il déplia un cataplasme et l'appliqua immédiatement sur la blessure. Le capitaine Masticor l'observait d'un air intrigué, empreint de méfiance.

– Ouvrez-lui la bouche, ordonna l'elfe.

Ridicula et Masticor obéirent et Dellor versa la potion noire et nauséabonde entre les lèvres glacées de Bedono. Ridicula chatouilla la gorge du troll pour le faire rire et il avala la mixture. Après lui avoir administré plusieurs rasades, l'elfe, la troll et l'ogre se laissèrent glisser contre le mur, à bout de souffle. Bedono retomba dans le sommeil, mais il ne frissonnait plus.

Ridicula aperçut Mouchi et un autre gnome qui épiaient la scène, cachés au creux d'un trou. Elle leur fit signe de disparaître. Pourquoi l'ennemi devrait-il savoir qu'ils étaient là ?

Que cela demeure notre secret pour l'instant, pensa-t-elle.

– Survivra-t-il ? demanda Ridicula.

Dellor secoua sa tête blonde.

– Je ne connais pas beaucoup les trolls, mais celui-ci me semble robuste. Il devrait s'en tirer, fit l'elfe avec un sourire rassurant.

– Nous guérissons rapidement, répondit Ridicula.

Que je suis stupide de dire ça! se dit-elle. Elle fondait devant le bel étranger.

Masticor fronçait ses sourcils touffus et dévisageait l'elfe.

– Et que faites-vous dans ces tunnels? Ici, vous êtes à Crachoutos, au cas où vous seriez perdus.

– Oui, nous le savons, répliqua l'elfe à la taille mince et svelte, tout en jetant un coup d'œil à Ridicula pour implorer sa clémence. Je peux seulement vous révéler que nous cherchons quelque chose. Si vous nous laissez partir, nous partirons, parce que je ne pense pas que nous puissions vous vaincre.

– Vous pouvez déguerpir dès maintenant! trancha Masticor.

– Pas tout de suite, dit Ridicula en plongeant son regard dans les yeux de Dellor, des yeux bleus comme du cristal, aussi perçants que la lumière du ciel en plein jour. Nous cherchons quelque chose, nous aussi. Un troll a réussi à voler au-dessus du Gouffre. Il s'appelle Rollo. Avez-vous entendu parler de lui?

Dellor la regarda d'un air perplexe.

– Un troll? Je pense que je me souviendrais de lui si je l'avais vu voler. Mais sachez que nous avons marché pendant plusieurs mois avant de parvenir jusqu'ici. Nous n'avons pas eu de nouvelles de chez nous depuis fort longtemps. Un jour, un type affreux est tombé dans le Gouffre et il a réussi à s'en sortir. Nous l'avons suivi et il nous a conduits jusqu'ici. Il avançait vite et nous l'avons perdu de vue pendant que nous explorions le tunnel.

Masticor hocha la tête d'un air solennel.

– Donc, le général Bavant a gravi ces marches et filé à Crachoutos. Y a-t-il autre chose que vous sachiez, Dellor ?

L'elfe secoua la tête en adressant un sourire plein de charme à Ridicula.

– Je sais seulement que nous ne voulions pas attaquer votre ami. Nous étions sous l'effet de la surprise et nous avions peur. Nous n'avons pas l'habitude d'être sous terre, et on perd toute notion du temps ici. Nous étions un peu nerveux. Nous avons dû nous défendre contre toutes sortes de créatures dangereuses.

Masticor renifla bruyamment.

– Êtes-vous cinglés ? C'est pareil quand on se promène à Moisis-les-Prés. Ne vous en faites pas, vous ne rencontrerez plus de dangereuses créatures, parce que vous allez partir sur-le-champ. Vous et votre bande, retournez à votre Bois-Joli.

Dellor s'inclina avec grâce et lança un regard en biais à Ridicula. Avant qu'il ne déguerpisse, la troll lui arracha le remède qu'il tenait dans ses mains.

– Laissez-nous ceci, s'il vous plaît.

Il accepta en hochant la tête et leur tendit de ses mains délicates le sachet en cuir. Puis, sans demander son reste, Dellor dévala les marches.

– Laissez-le passer ! hurla le capitaine Masticor.

Ils se penchèrent sur Bedono. Le jeune troll dormait paisiblement. Le capitaine Masticor marcha jusqu'au trou et appela les autres.

– Mouchi ! Remontez tout de suite ! Nous devons jeter les corps de nos ennemis là-dedans.

L'ogre désignait les marches où Verna, Pouillane et Bariolo étaient occupés à édifier un barrage.

– Je ne veux pas enlever ceux qui sont en avant pour effectuer cette corvée.

– Vous ne faites pas confiance aux elfes ?

– Et toi ? dit Masticor. Je le répète, je pense que nous devrions prévenir les gens de Crachoutos.

Ridicula secoua la tête.

– Nous n'avons pas assez de temps. J'espère que tout cela ne nous ralentira pas.

– D'accord, fit l'ogre en reniflant. Lorsqu'ils nous rejoindront avec cinq cents archers, je te rappellerai ta décision.

Ridicula n'ajouta rien, parce qu'elle n'avait plus rien à ajouter. Les elfes possédaient des flèches empoisonnées et ils n'hésitaient pas à s'en servir. Et de plus, ils avaient déjà visité Crachoutos. Ils allaient tout bonnement regagner Bois-Joli, croyait-elle, en empruntant le chemin que Styxus Rex, le général Bavant et Rollo avaient suivi il n'y avait pas si longtemps.

La troll entendit d'étranges trémolos provenant de l'obscurité au-dessous d'eux. Les sons semblaient surgir de loin, mais dans l'escalier en spirale retentissait l'écho de voix gémissantes et de plaintes aiguës. Ridicula comprit qu'il s'agissait d'une complainte pour les morts chantée en l'honneur des elfes qui avaient péri. Toute la bande se tut pour écouter les cris de douleur déchirant les profondeurs et leurs tympans.

***

– Bonjour, prince Rouxel ! cria Rollo.

Le troll regardait tristement l'intérieur de la hutte, essayant de capter le regard du chef des elfes. La cabane était entourée de larges filets et encerclée par des archers. Rollo était toujours prisonnier à Bois-Joli.

– Que vais-je devenir ?

L'elfe à barbe rousse le regarda froidement.

– Cela dépend de ce qui est arrivé à ton amie Chipie. Nous n'avons aucun signe d'elle et tout le monde est parti à sa recherche à Bois-Joli.

– Elle est peut-être allée à Crachoutos, dit Rollo.

Rouxel grimaça de dégoût.

– Pourquoi ferait-elle une chose pareille ?

– Je ne sais pas, avoua le troll en secouant ses épaules. Mais si vous me libérez, je le découvrirai.

L'elfe roux rit d'un air moqueur.

– Ça te plairait, pas vrai ? Je suppose que tu es prêt à t'acoquiner avec Chipie maintenant qu'elle est devenue vilaine. Pourquoi l'as-tu ramenée ici et pourquoi avoir inventé toute cette histoire ? Pour raviver nos espoirs ? Tu voulais gagner notre confiance, mais pourquoi ?

– Je n'ai jamais pensé gagner votre confiance, rétorqua le gros troll en penchant la tête. Je voulais simplement ramener Chipie à la maison.

Rouxel le regardait d'un air mécontent.

– Afin de la pervertir avec ton couteau maléfique. Mais je t'avoue, troll, que nous t'avons cru pendant un moment. Peut-être as-tu fait ça pour manger.

– Nous avons de la nourriture à Crachoutos, répondit Rollo. Elle n'est peut-être pas aussi bonne que la vôtre, mais je n'ai pas fait tout ce chemin uniquement pour manger.

– C'est bien ce que je crains, répliqua le prince Rouxel en s'éloignant du prisonnier. Je ne sais pas pourquoi tu es venu ici, mais tu ne partiras pas avant que j'en découvre la vraie raison.

Il agita la main en direction des elfes.

– Doublez le nombre de filets et le nombre d'archers. Si l'un d'entre vous laisse le prisonnier s'échapper, il prendra sa place.

– Oui, chef! clamèrent les onze guerriers à la mine implacable.

– S'il demande à manger, donnez-lui des vers et des larves, ordonna le prince. Mais plus une seule miette de notre précieuse nourriture.

Les gardes poussèrent des cris d'approbation et Rollo s'affaissa sur son derrière au fond de la hutte fortifiée. Il était venu ici avec la bonne intention de construire des ponts entre Crachoutos et Bois-Joli. Et au lieu de ça, il avait déchaîné une force inconnue qui secouait les deux terres.

– Chipie, murmura-t-il dans l'obscurité, reviens. Redeviens toi-même. Ne laisse pas le couteau noir te mener par le bout du nez.

Rollo baissa sa tête embroussaillée en se demandant si cette prière suffirait à adoucir ses peines.

***

Chipie était assise sur une souche et riait aux éclats en regardant Styxus Rex, qui jonglait avec trois boules de feu. Un millier d'ogres et de gnomes, ainsi qu'une poignée de trolls, étaient prosternés devant lui, tremblant de peur tandis que le sorcier rasait leur village en brûlant leurs taudis. Les flammes léchaient le ciel de la nuit et une délicieuse odeur de fourrure roussie flottait dans le vent. Juste pour s'amuser, la folle fée jeta un sort et une bande de trolls se mit à éternuer.

– Alors que choisirez-vous ? demanda Styxus Rex en balançant une boule de feu dans une haie de baies sauvages.

Le maigre buisson s'embrasa, crachant des paillettes enflammées, et le feu s'éleva en rugissant dans l'air frais.

– Allez-vous suivre ce stupide troll qui s'est enfui encore une fois ? Ou allez-vous me suivre, moi, votre vieux maître ?

– Vous ! Vous ! crièrent les ogres et les gnomes en s'inclinant et en rampant dans la boue. Vive Styxus Rex ! Longue vie à Styxus Rex !

– Voilà qui est mieux.

Avec un sourire moqueur, le sorcier lança ses deux dernières balles derrière lui. Les flammes éventrèrent les lieux d'aisance, répandant de la boue partout. Une odeur nauséabonde flottait dans Crachoutos, annonçant le retour de la terreur.

– Sergent Cranium ! dit le sorcier d'une voix chantante.

Il pointa le doigt vers un ogre au pelage gris, coiffé d'un bol en métal fixé sur son crâne. Claquant des dents, le vieux guerrier rampa devant lui, et le sorcier lui demanda :

– Avons-nous encore des ennemis ? Y a-t-il quelqu'un qui s'oppose à nous ?

Le vétéran au casque brillant inclina la tête, enfouissant son museau dans le sol.

– Une bande s'oppose à nous, répondit-il, d'une voix grinçante. Masticor et Verna, et aussi des gnomes et des trolls. Ils sont allés chercher Rollo pour le sauver.

– Oui, il a grand besoin d'être sauvé à l'heure qu'il est ! pépia Chipie.

Les ogres et les gnomes tremblaient encore plus à la vue de la fée ressuscitée.

Styxus Rex frotta son menton couvert de verrues.

– Alors ce prétendant au trône a encore des gens derrière lui ? Je suppose qu'il va falloir leur régler leur compte avant de pouvoir assujettir tout le pays. Sergent Cranium, vous et vos guerriers, répandez la nouvelle : Styxus Rex est de retour ! Crachoutos est de nouveau un lieu ignoble !

– Oui, maître ! cria le vieil ogre en s'inclinant devant le sorcier.

– Et vous, les trolls, au travail ! ordonna Styxus Rex en faisant le tour des débris fumants dont il était l'auteur. Cet endroit tombe en ruine.

En disant cela, le sorcier fit un clin d'œil à Chipie et la fée pouffa de rire, ne pouvant contenir son hilarité.

C'est étonnant, pensait-elle, *un vieux sorcier et une fée ressuscitée parviennent à dominer l'univers en lançant simplement quelques boules de feu et des sorts. Comme ils sont lâches ! En somme, il est beaucoup plus amusant d'être une fée vilaine qu'une bonne fée.*

***

– Quelque chose brille en avant, chuchota Mouchi.

Le jeune gnome et deux de ses compagnons avaient devancé les autres au cours de leur descente. Ridicula et Masticor se tenaient derrière les éclaireurs, qui sondaient les marches à l'aide d'une perche. Habitués à repérer les pièges, ces derniers sautaient par-dessus les trous dissimulés, les évitant adroitement.

Ridicula scrutait l'obscurité vaporeuse qui noyait l'escalier. Les murs de pierre étaient chauds et la vapeur suintait par les fissures de la roche, comme si une coulée de lave surgissait de l'autre côté. La chaleur envahissait le tunnel comme l'haleine d'un dragon vivant dans les entrailles de la planète. Ridicula constata que le corridor aboutissait à une salle, le genre d'endroit sombre que tous redoutaient.

Les ogres poussaient les autres devant eux, heureux de les entraîner dans une nouvelle aventure ou dans une nouvelle bataille. Ridicula suivait, derrière le capitaine Masticor, Mouchi à ses côtés. Pouillane était avec les gnomes, beaucoup plus loin derrière, aidant Bedono à descendre les marches. Pouillane avait complètement changé d'attitude avec lui. Le troll courtaud avait failli mourir et sa rencontre avec les elfes lui avait fait un sacré effet. Ridicula était certaine que Bedono se portait mieux qu'il ne le laissait croire tout simplement pour profiter de l'attention que lui prodiguait la belle troll musclée. Elle ferma les yeux.

L'ancienne Ridicula aurait tancé Bedono et lui aurait fait avouer qu'il faisait semblant d'être malade. Mais la nouvelle Ridicula avait beaucoup mûri au cours de ces dernières semaines. Les apparences, le statut, la sécurité, étaient aussi minces que les chaudes volutes de buée se dressant autour d'elle. La vie pouvait s'envoler en un instant et il importait avant tout d'être une amie loyale. Cette bande de trolls, d'ogres et de gnomes aux traits émaciés lui était plus chère que tout ce qu'elle avait connu au cours de ses quinze années d'existence. Toute sa vie lui semblait un rêve vague... du temps perdu à des peccadilles.

– Par le grand Gouffre ! Regardez ça ! lança Masticor.

Les ogres se précipitèrent en avant vers un bassin de lumière qui étincelait dans un coin de la caverne humide. En s'avançant, Ridicula aperçut un monceau d'or et de joyaux brillants, entouré d'une aura éblouissante. Les ogres foncèrent dessus et Ridicula faillit faire de même, mais le petit Mouchi lui donna un coup de poing sur la cuisse.

– Dis-leur d'arrêter ! ordonna-t-il nerveusement.

Pouillane et Bedono les rejoignirent et demeurèrent stupéfaits devant la merveilleuse découverte.

– C'est dangereux ! cria Mouchi.

Ridicula cligna des yeux devant le mirage et se retourna pour rappeler les autres.

– Masticor... Verna... Bariolo ! Revenez !

Mais ses paroles n'eurent aucun effet et les trois ogres coururent vers le trésor chatoyant en se bousculant et en riant. Tous trébuchèrent et s'écrasèrent sur le tas de pierres rutilantes, qui explosa comme une des boules de feu du sorcier. Des bulles de lumière volèrent vers Ridicula et ses camarades, et tous se jetèrent sur le sol.

CHAPITRE NEUF

DE LA POÊLE À FRIRE AU FEU VIF

Les trois ogres sortirent de la caverne en rugissant. Leur pelisse était en feu et ils hurlaient de douleur. Comme ils allaient piétiner Ridicula au passage, les gnomes eurent la bonne idée de les faire trébucher. Masticor, Verna et Bariolo s'affalèrent sur le sol, ce qui permit aux autres d'éteindre les flammes en recouvrant leurs compagnons de terre, en les aspergeant d'eau, allant même jusqu'à s'allonger sur eux.

Ridicula se laissa choir sur le capitaine Masticor et, tout en étouffant l'huile brûlante sur sa fourrure, tenta de le rassurer :

– Vous allez bien. Vous êtes en vie ! Calmez-vous, capitaine Masticor !

– C'était un traquenard ! souffla Mouchi. Peut-être un tour de magie. On n'y pouvait rien.

Le gnome regarda Ridicula et lui fit un clin d'œil pour lui faire comprendre qu'il s'en remettait. Ce prétexte avait au moins l'avantage de permettre aux ogres de se faire pardonner leur stupidité.

– Ces vilains elfes! grommela Masticor. C'était ça, leur intention… Ils voulaient nous retarder.

– Sans doute, répondit Ridicula en se dégageant de l'ogre fumant. Si ce ne sont pas les elfes, qui cela peut-il être?

– Et pourquoi un trésor? demanda Bedono. Pensent-ils que nous sommes à la recherche d'un trésor?

– Non, mais eux, peut-être qu'ils en cherchent un! glapit Pouillane.

Elle caressa affectueusement la tête de Bedono.

– Oh, tu es si intelligent!

Le visage du petit troll s'empourpra. Pendant ce temps, Ridicula examinait les ogres blessés.

– Étalez de la graisse d'anguille sur ces brûlures, suggéra-t-elle. Capitaine Masticor, pouvez-vous me dire pourquoi tout s'est évanoui d'un seul coup?

– Nous avons trébuché, répondit l'ogre.

Il consulta ses amis du regard, et les autres l'approuvèrent en secouant la tête.

– Je parie qu'il y avait une mèche, ajouta Verna. En trébuchant dessus, vous avez allumé une fusée, expliqua-t-elle en balayant les tisons de sa fourrure et en se redressant sur ses pieds. Vous savez, les têtes d'elfes feraient de beaux trophées dans mon salon.

– La meilleure façon de déjouer leur plan est de continuer à avancer, déclara Ridicula. Ils cherchent *quelque chose* et nous gâchons la sauce. Il faut trouver les marches.

Épuisée, toute la bande se releva. Le sol était jonché de babioles et de vêtements calcinés tombant en lambeaux. Après tout, le piège leur avait fait plus de peur que de mal et ils trouvaient ça drôle. Plusieurs gnomes se félicitèrent les uns les autres de leur bravoure. Au bout d'un moment, les ogres se mirent à rire eux aussi, et Masticor et Verna se reprochèrent mutuellement d'avoir voulu s'en mettre plein les poches.

Les gnomes trouvèrent enfin les marches après avoir erré à travers la fumée et la brume sulfureuse pendant de longues minutes. Une fois de plus, ils descendirent dans l'obscurité humide et Ridicula se mit à espérer qu'ils atteindraient bientôt le fond.

***

La mère enchanteresse fronçait les sourcils d'un air triste devant Rollo. Puis elle baissa la tête.

– Je suis désolée, chuchota-t-elle d'une voix rauque. Je ne peux rien faire. Le conseil s'est réuni pour te juger.

– Quel genre de jugement ? demanda Rollo du fond de sa prison.

La hutte était recouverte de filets et de nattes, et Rollo distinguait à peine l'elfe aux cheveux blancs dans sa tunique pâle et évanescente. Mélinda grimaça.

– Je sais seulement que plusieurs veulent ta mort, et que ce n'est pas seulement à cause de ta simple présence. Il est surtout question des retombées de ta première visite. Ils ont suivi le récit de tes déboires et maintenant on ne sait où se trouvent ni Chipie ni le couteau noir. Plusieurs affirment que tu nous as jeté un mauvais sort. Je t'en prie, essaie de les comprendre, ils ont peur.

– Moi aussi ! s'exclama Rollo. Je ne crois pas que vous résoudrez vos problèmes en me punissant. Ne pouvez-vous pas les raisonner ? Ils vous respectent.

– Plus maintenant, dit la mère enchanteresse tristement. Plus depuis que je t'ai aidé à ressusciter Chipie. Lorsque vous exercez la magie, vous êtes toujours soupçonné d'avoir mal agi si la magie tourne mal. Ils me respectent, mais ils me craignent aussi.

Soudain, des éclats de voix s'amplifièrent dans le pavillon, et la rumeur déferla dans les sentiers du village. Rollo réussit à distinguer le prince Rouxel. La foule d'elfes l'assaillait de questions. La réunion semblait dégénérer en chaos, mais Rollo gardait espoir.

– Je dois m'en aller, chuchota la mère enchanteresse. Sois brave, Rollo.

Elle le salua de la main et disparut dans la foule tandis que le prince marchait à grands pas vers la prison de Rollo.

L'elfe barbu lui adressa un regard furieux.

– L'Ordre de la Jarretière à œillet rouge et de l'Épinglette à ruban vert s'est réuni pour décider de ton châtiment.

– Mon châtiment ? Quel crime ai-je commis ?

– J'y arrive ! riposta le prince Rouxel. Tu es accusé d'être entré sans permission dans Bois-Joli, d'avoir provoqué la guerre, d'avoir allumé des feux par négligence et d'avoir ressuscité une fée sans autorisation.

– Vous étiez là ! s'exclama Rollo. Nous avions *votre* permission.

– Vous n'aviez pas la permission de l'Ordre de la Jarretière à œillet rouge et de l'Épinglette à ruban vert ! psalmodia Rouxel, s'adressant à la foule plutôt qu'à Rollo. Ils ont pris le temps de délibérer et ont prononcé le verdict. Nous sommes tous d'accord, il est illégal de ressusciter des fées avec des couteaux ensorcelés.

Le prince rajusta son gilet vert et lança un nouveau regard furieux à Rollo.

– Dans cinq jours, au lever de la pleine lune, tu serviras de cible à dix-neuf de nos meilleurs archers au cours de l'exercice de tir. Puisque tu es une grosse cible, nous réglerons le tir en conséquence. J'espère que ta mort sera subite et qu'elle mettra un terme au mauvais sort.

– Il n'y a pas de mauvais sort, marmonna Rollo, en s'affaissant sur son arrière-train. Me tuer n'améliorera pas votre vie. De mauvaises choses peuvent arriver encore, même à Bois-Joli.

Le souverain écarta ses doigts.

– Dans cinq jours, troll, la lune sera prête. Tu recevras une meilleure nourriture, mais pas de visiteurs. Fais la paix avec toi-même, ou fais ce que font les trolls, avant de mourir.

– Bien, marmonna Rollo en retirant les brins de paille entre ses griffes.

Et il commença à planifier son évasion.

***

– Faites attention ! cria Ridicula.

Cette fois-ci, ils obéirent tous à son ordre, et même les ogres arrêtèrent de marcher. Ils contemplèrent le coffre pansu du trésor adossé aux marches. C'était un robuste coffre en bois, doublé de solides bandes de métal et orné d'un fermoir brillant. Il était d'autant plus étrange de voir un objet pareil dans cet endroit minable qu'il était flambant neuf.

– Pourquoi cette histoire se transforme-t-elle en chasse au trésor ? demanda Verna. Mouchi, que devons-nous faire avec ça ?

– Je conseille de le jeter au bas des marches, répondit le gnome. S'il arrive quelque chose, ça se passera loin de nous.

– Et s'il s'agissait d'un vrai trésor ? demanda Bedono. Je veux dire : tout est possible dans ce paradis.

– Alors nous le ramasserons ailleurs que sur les marches, rétorqua Masticor. Donnez-moi une perche.

Mouchi lui tendit la plus longue qu'il avait sous la main. Le gros ogre la glissa sous le coffre en bois et poussa de toutes ses forces. Le coffre était si lourd qu'il ne parvint pas à le faire bouger et Verna dut lui donner un coup de main pour le faire glisser des marches. La grosse caisse déboula le long de l'escalier en crachant des étincelles et s'écrasa beaucoup plus bas en s'éventrant. Immédiatement, un nuage vert et nocif s'éleva dans les airs, enveloppant toute la bande qui se mit à rire et à tousser.

– Bien, dit Pouillane d'un air ravi. Ils ont empesté le corridor pour nous. C'est gentil de leur part pour une fois.

– Ça me rappelle le marais, répliqua Bedono, aspirant une longue bouffée de la fumée verdâtre.

– Et encore cette histoire de faux trésor, lança Verna, d'un air maussade. À quoi ça rime ?

– On dirait qu'ils veulent nous décourager de chercher des trésors, répondit Ridicula. Je suggère que nous attrapions ces lâches !

Peut-être reverrai-je Dellor, pensa-t-elle.

Tous en chœur, les ogres, les trolls et les gnomes poussèrent des cris de guerre et dévalèrent les marches en se précipitant dans ce lieu inconnu imprégné de louches odeurs.

La chaleur et la vapeur s'intensifièrent dans le tunnel, jusqu'à ce que l'atmosphère devienne aussi lourde que celle du Morne Marais en été. Cependant, la bande marchait d'un pas ferme, espérant retrouver les elfes et leur rendre la monnaie de leur pièce pour tous les mauvais tours qu'ils leur avaient joués. Les marches aboutissaient à un passage incliné similaire à celui du dessus. Ils parcoururent la distance en moins de temps qu'à l'aller, car ils n'avaient plus à surveiller les pièges.

– Arrêtez ! fit Masticor, le doigt pointé vers une lumière blanche brillant au fond du tunnel. Qu'est-ce que c'est que ça ?

Ridicula, Pouillane et leurs amis s'arrêtèrent et contemplèrent les lieux avec curiosité. Bien que la lumière fût voilée par une brume intense, personne n'avait jamais rien vu d'aussi brillant.

– Bah… c'est la lumière du jour, dit Mouchi, d'un air déçu. Cela veut-il dire que notre jeu dans le donjon s'achève ?

– Ah, non, gémit toute la bande.

Bedono pleurnichait.

– Je ne veux pas m'en aller d'ici. C'est tellement agréable !

– Toute mauvaise chose a une fin, dit Ridicula. Il ne peut y avoir de lumière ici qu'à condition que le soleil soit au zénith. Allons-y… mais faites attention en sortant du trou en plein jour. On nous tend peut-être une embuscade.

– Je suggère que les ogres passent devant avec les boucliers levés, lança Masticor, en sortant du rang.

– Après vous, capitaine, fit Ridicula, abaissant sa main aux longues griffes.

Verna et Bariolo rejoignirent Masticor et les trois ogres avancèrent vers l'horrible lumière blanche. N'ayant pas vu le soleil depuis plusieurs jours, tous se protégeaient les yeux en approchant de la sortie. Masticor se fraya un chemin pour dépasser les deux autres ogres et affronta bravement la clarté du jour. Plusieurs coups secs retentirent et ils reculèrent tous à l'intérieur. Masticor leur montra son bouclier percé d'une douzaine de flèches.

– Je pense qu'ils sont encore dehors.

Protégeant ses yeux contre l'épouvantable lumière, Ridicula se faufila près de l'entrée afin de mieux voir le fond du Gouffre. Une rivière bouillonnante de lave courait au centre du canyon. Il était difficile d'évaluer sa largeur. Des plantes tordues bordaient les sources sulfureuses et les bassins en forme de marmites remplis d'eau bouillante. Le paysage était parsemé d'immenses rochers noircis, coiffés d'une brume jaune et sournoise qui se faufilait partout. Et il faisait chaud… très chaud.

Ridicula se réfugia à l'intérieur.

– Ça va, dit-elle. Je n'ai vu personne.

– Le soleil doit être au zénith, comme tu dis, répondit Verna avec dégoût. Dans quelques minutes, tout le canyon sera plongé dans l'ombre.

Ridicula jeta un autre coup d'œil, sortant sa tête embroussaillée. Elle vit une silhouette agile grimper sur un des rochers noirs et sauter de l'autre côté. Elle étira son coup un peu plus et vit d'autres silhouettes s'élancer dans la brume jaune.

– Ils s'enfuient! cria-t-elle. Nous devons les rattraper. En avant, les ogres!

Masticor, Verna et Bariolo foncèrent hors de la caverne, leur bouclier devant eux. Pas une flèche ne les atteignit. Les trois trolls les suivaient et les huit gnomes fermaient la marche. Quelques flèches sifflèrent autour d'eux, et Ridicula devina que les elfes tiraient sans cesser de courir. Verna sortit son arc de son carquois et décocha quelques flèches en direction des fuyards.

– À l'aide! cria un gnome derrière Ridicula.

La troll fit demi-tour et vit qu'un des membres de la bande était emprisonné dans les feuilles et les lianes d'une plante monstrueuse. Les gnomes qui entouraient leur camarade voyaient les feuilles garnies de pointes se refermer sur son corps et les lianes se lover autour de lui, la plante l'enserrant comme un python. En poussant des cris stridents, les gnomes attaquèrent la gigantesque plante à coups de couteaux et de griffes, et il s'ensuivit une bataille en règle.

D'un air découragé, Ridicula regarda les trolls et les ogres, et poursuivit les elfes à travers la fumée étouffante. Ses poils se hérissaient sous l'effet de la chaleur.

– Mouchi, libérez-le et restez ici ! ordonna-t-elle. Nous revenons tout de suite !

Mouchi était trop occupé à mordre une liane pour lui répondre. La plante avait capturé deux gnomes et resserrait son étreinte, mais elle n'eut pas le temps de se régaler. Les gnomes l'attaquèrent avec une férocité surprenante, pareils à des poulets enragés.

À contrecœur, Ridicula s'élança vers le reste de la bande. Elle détestait séparer les membres du groupe, mais il fallait rattraper les elfes, à défaut de quoi ils risquaient d'être pris dans des embuscades ou de tomber dans des pièges. Ils couraient à travers la fumée empestant les œufs pourris, pourchassant les agiles créatures à peine visibles dans des tourbillons de fumée jaunâtre. La rivière de lave éructait derrière eux, mêlant ses vapeurs brûlantes aux cendres dans l'air épais.

Le canyon infernal, la course folle, comme dans un rêve, pensa Ridicula. La lumière était féerique. La troll avait beau lever les yeux, elle ne pouvait même pas apercevoir le bord du Gouffre, mais une ombre géante glissait le long de la paroi escarpée. Comme l'avait prédit Verna, le voyage du soleil au-dessus de la gorge fut bref et intense. Soudain l'ombre s'y engouffra et le paysage déchiqueté fut plongé dans le crépuscule.

Le crépuscule en question dura longtemps avant de se transformer peu à peu en obscurité. Ils poursuivirent leur course avec l'impression qu'elle ne finirait jamais, trébuchant le long du sentier rocailleux et luttant contre des plantes carnivores. Ridicula vit le chapeau et l'arc d'un elfe gisant au pied d'une plante qui semblait contente et rassasiée.

– Ils traversent la rivière ! cria Verna en avant. Ils ont construit un pont !

Cela eut pour effet d'accélérer l'allure des trolls, impatients qu'ils étaient de voir quelle sorte de pont construisaient les elfes, surtout au-dessus d'une rivière de feu. Ridicula rejoignit les ogres, Pouillane et Bedono sur la rive brûlante de la coulée de lave. Dans le crépuscule et la vapeur, ils distinguaient à peine le dernier des elfes qui s'enfuyait sur le pont fabriqué de lianes et d'herbes grossièrement tressées.

Ridicula eut un serrement de cœur, car le pont était trop frêle pour supporter le poids d'un troll, encore moins celui d'un ogre. De l'autre côté, les elfes étaient au sommet du rocher, s'apprêtant à couper les câbles dès que leur camarade aurait franchi le pont. La coulée de roches en fusion s'étalait sur quinze mètres au moins, et y tomber signifiait une mort certaine. Verna décocha quelques flèches aux elfes qui s'enfuyaient, mais les projectiles s'évanouirent dans la lumière faiblissante.

Finalement, les elfes coupèrent les cordes, et le pont s'écroula dans la rivière où il s'enflamma comme une boule de papier. Le feu courait le long des câbles jusqu'au rocher qui retenait le pont, frôlant Ridicula de près, tandis que les planches de bois crépitaient avant de s'enfoncer dans la lave.

Les elfes agitaient la main et claironnaient :

– Nous sommes chez nous, et vous êtes chez vous ! Et restez-y !

– Bande de lâches ! rugit Masticor. Z'êtes des minables !

Ses propos furent accueillis par des rires et des huées, et de vagues silhouettes s'enfoncèrent dans l'ombre. Un des elfes à la chevelure brillante s'attarda derrière les autres et souleva son chapeau vert.

– Ç'a été un plaisir de vous rencontrer, Lady Ridicula !

Sur ces paroles, il rejoignit ses amis pendant que la troll devenait cramoisie. Elle martela le sol avec rage.

– N'y a-t-il pas un autre sentier qui traverse de l'autre côté ?

Pouillane renâcla.

–Il y a un volcan en éruption au sud et un glacier inacessible au nord. Et d'autres volcans entre les deux.

– Ils ont construit un pont! s'exclama Masticor. Pourquoi ne pas faire comme eux?

– Oh, nous pouvons le faire, répondit Pouillane. Seulement, il nous faudra des jours pour trouver les matériaux, s'il y en a dans les environs. Puis encore des jours pour le construire. Cela demande de l'adresse, il nous faudrait des trolls expérimentés, comme Kronck.

Masticor les regardait, la bouche ouverte.

– Pas un parmi vous qui sache construire un pont? À quoi servez-vous alors?

– Ferme-la, lança Verna. Ce n'est pas de leur faute. De toute façon, comment auraient-ils pu savoir qu'il faudrait traverser ça?

– C'est de ma faute, soupira Ridicula d'une voix triste. Nous aurions dû transporter un pont.

– Nous n'avions pas vraiment le loisir de faire ça, dit Bedono. Écoutez, nous avons achevé la première partie de notre mission. Nous avons atteint le fond du Gouffre. Et puis nous avons chassé les envahisseurs et nous les avons forcés à se replier de leur côté. Célébrons notre victoire!

– Oui, approuva Masticor, réjoui par cette idée. Reposons-nous et mangeons. Nous devrons aussi explorer les lieux.

– Il faut aller vérifier s'il reste des gnomes, fit Ridicula avec inquiétude.

À leur retour, le fond du tunnel était plongé dans la nuit la plus obscure. La seule lumière provenait de la croûte incandescente qui flottait sur la coulée de lave, mais elle suffisait à les éclairer. En approchant, ils virent un feu pétiller dans l'obscurité. Il brûlait sur le dessus d'un rocher. Les guerriers sortirent leurs armes et avancèrent silencieusement vers les flammes.

Masticor et Ridicula marchaient en avant. Ils découvrirent les gnomes réunis solennellement autour du feu. Masticor baissa son arme.

– C'est un bûcher funéraire, expliqua-t-il. Ils ont sans doute perdu un camarade, mais aux mains de quel ennemi ?

– Les plantes, répondit Ridicula. Nous avons réussi à les déjouer, mais nous sommes beaucoup plus gros et plus grands que les gnomes.

Elle fit signe au reste de la bande d'avancer et de se joindre aux gnomes pour la cérémonie.

Mouchi les regarda en hochant la tête.

– Les plantes ont tué deux d'entre nous. Mais nous ne pleurons jamais ceux que nous perdons. Avez-vous attrapé ces diables d'elfes ?

– Non, fit Ridicula d'une voix triste. Ils avaient un pont et ils l'ont brûlé après l'avoir franchi.

Mouchi secoua la tête d'un air las et se mit à chanter d'une voix stridente. Les uns après les autres, les gnomes l'accompagnèrent ainsi que les ogres qui chantaient de leur voix grave. Comme la plupart des trolls, Ridicula n'avait jamais côtoyé les gnomes et les ogres ; aussi leurs coutumes lui semblaient-elles étranges. Au Morne Marais, on ne brûlait pas les morts, car il y avait suffisamment de bestioles heureuses de s'en régaler.

Ce chant lugubre marque la fin de notre quête, pensa Ridicula. *Nous n'avons pas de chemin pour continuer, nous sommes fatigués et couverts de blessures. Je suis loin de Rollo, plus que jamais loin de lui.*

Après la cérémonie, ils se retirèrent dans le tunnel pour manger leur ration de hachis d'écureuil et se reposer. Même s'il faisait noir dehors, les jets de vapeur et de lave rendaient la nuit aussi chaude que le jour. La chaleur était insupportable dans le passage, et la bande se dispersa en remontant le long de la pente. Ridicula ne savait même pas où étaient passés Pouillane et Bedono.

Elle se lova dans l'entrée, derrière Masticor. Ils ne songèrent pas à placer une sentinelle, car il leur semblait évident que personne ne viendrait les surprendre ici. Le fond du Gouffre était l'endroit le plus reculé des deux terres.

Toutefois les ogres empilèrent leurs boucliers devant l'entrée pour se protéger de la chaleur.

Ridicula sombra dans un sommeil trouble, peuplé de rêves des plus agréables. Soudain, elle vit surgir une petite fée élégante, et l'apparition était si vivante qu'elle semblait réelle. Ridicula devina qu'il s'agissait de Chipie, l'amie de Rollo.

– Tu es très brave, susurra la fée à son oreille pendante.

– Est-ce que mon bien-aimé va bien? demanda Ridicula, l'air rêveur.

– Assez bien, mais pas pour longtemps, répondit la petite voix. Nous allons vous aider demain lorsque le jour sera venu, et je t'en dirai plus long. Maintenant dors et repose-toi. Tu seras bientôt avec Rollo.

Ridicula s'éveilla pour de bon et elle crut voir une ombre filer entre les boucliers et plonger dans l'obscurité. Masticor se secoua, s'éveilla à son tour et la regarda.

– Qu'est-ce que c'est? demanda l'ogre en saisissant son gourdin. Qu'est-ce que tu as vu?

– Et toi? As-tu vu quelque chose? fit-elle d'un air penaud.

– Seulement toi en train de bondir, répondit-il.

La jeune troll secoua la tête.

– C'était un rêve… avec une fée. Elle était presque réelle.

– Est-ce que les pieds te démangent ?

– Non.

– Alors, elle n'était pas réelle. Retourne te coucher.

Avec un grognement, l'ogre se roula en boule et se mit à ronfler immédiatement.

Pas réelle, se dit Ridicula. *Ça ferait du bien d'avoir un coup de main de la part d'une fée même si elle est morte.*

CHAPITRE DIX

SAUVE-QUI-PEUT !

Au cours de la nuit, une douzaine d'archers entourèrent la hutte où Rollo était emprisonné. Ils ne le voyaient pas aussi bien qu'en plein jour de sorte que le troll pouvait creuser avec ses mains et ses pieds. Durant le jour, il creusait seulement avec ses pieds, tout en tournant sa poitrine face aux gardiens. Apparemment, les archers ignoraient, comme tout le monde à Bois-Joli, que les trolls étaient doués pour creuser la terre et que c'était tout naturel pour eux.

Au bout de trois jours, Rollo avait creusé une cavité sous le mur assez grande pour s'y faufiler. Encore quelques heures, estimait-il, et il surgirait de terre de l'autre côté de la hutte. Évidemment, il émergerait sous le nez des trois archers qui se tenaient près du mur. Il devrait s'échapper en volant au plus vite.

C'est pourquoi Rollo s'exerçait à voler durant la nuit, alors qu'il ne pouvait être vu. Il avait découvert qu'en se concentrant, il était capable de s'élever à un mètre au-dessus du sol. Lorsqu'il aurait le ciel au-dessus de lui, il planerait et gagnerait de la vitesse en volant, il en était certain. Le succès de son évasion dépendait également de la diversion qu'il avait l'intention de créer.

Durant le jour, Rollo mangeait avec appétit les fruits et les graines qu'on lui offrait, mais il prenait soin d'en mettre de côté. Il s'était aperçu que les graines séchaient facilement grâce aux rayons de soleil qui se glissaient à travers les lattes. Le soir venu, il en jetait quelques-unes aux oiseaux. Ceux-ci ne dérangeaient pas ses gardiens; c'est à peine si on les remarquait. Rollo accumula une poignée de graines qui lui servirait à faire diversion, car les elfes avaient peur lorsqu'il y avait beaucoup d'oiseaux.

C'était presque l'aube, et le troll savait qu'il ne lui restait plus que deux jours à vivre, et une seule nuit. Il craignait qu'on ne double le nombre de gardiens ou qu'on ne le change de prison. Il ne fallait pas attendre. *Non,* se dit-il, *il vaut mieux que je parte cette nuit.*

Il y avait à l'aube une heure que Rollo avait toujours aimée. C'était son heure… l'heure de rêver et de planifier. C'était aussi l'heure de s'évader. Il s'enfonça dans l'étroit espace sous le mur de sa hutte et repoussa la terre devant lui. Il ne voulait pas attirer l'attention, mais il devait s'assurer qu'il pourrait se faufiler de l'autre côté. Rollo rentra à l'intérieur de sa hutte et, secouant ses cheveux pleins de terre, il essuya son visage.

Il ramassa ses graines et en poussa quelques-unes entre les lattes. Durant trois nuits, il s'était entraîné à attirer les oiseaux et ils vinrent en grand nombre. Prenant une profonde respiration, le troll décida de lancer toutes ses graines à la fois. Immédiatement, plusieurs oiseaux atterrirent en croassant et se mirent à picorer le sol.

– Des oiseaux! fit Rollo d'une voix aiguë, s'efforçant de hurler comme un elfe.

Les gardes se mirent à crier et à courir dans tous les sens, et le troll se retira dans son trou. En entendant les cris des archers, Rollo estima que sa ruse avait réussi à les distraire. Rassemblant toutes ses forces, il se fraya un chemin à travers les derniers centimètres de terre jusqu'à ce que sa tête et ses épaules émergent du sol. D'autres cris s'élevèrent, troublant la nuit paisible tandis que Rollo tentait de s'envoler. Il s'imagina en train de filer vers le ciel, et un moment plus tard, il filait vers le ciel!

En s'éloignant du trou, le troll aperçut un elfe qui le contemplait d'un air ahuri. L'archer tenta de tirer une flèche de son carquois, mais le troll lui donna un coup de pied qui fit tomber l'arc de ses mains. Deux autres archers réagirent lentement, saisissant maladroitement leurs armes. Pendant qu'ils tiraient, Rollo avait déjà franchi six mètres et planait dans les airs. Les flèches filaient sous ses pieds, tandis que des cloches sonnaient l'alerte au village.

Je suis libre! se dit le troll avec joie. Il faisait noir et, ne sachant vers où se diriger, il s'efforça de gagner de l'altitude.

Personne ne peut plus m'arrêter maintenant!

C'est alors que son nez se mit à couler et qu'il éternua. Puis il sentit des piqûres aux pieds et, tout en volant, il tenta de se gratter. Rollo ne se rendait pas compte de ce que cela signifiait, mais quand il comprit, il était trop tard. Il fut brusquement entouré par un essaim de fées qui l'assaillirent férocement à coups de dards et lui assenèrent des coups au visage en lui frappant les oreilles. Maintenant c'était au tour de Rollo d'être distrait et il se mit à perdre de l'altitude.

Les fées ne cessèrent de l'attaquer jusqu'à ce qu'il ne puisse plus voler. La démangeaison s'était propagée dans tout son corps et le pauvre troll dégringola dans les arbres.

– Ah! cria-t-il en s'écrasant dans les branches. Atchoum! À l'aide! Atchoum!

Même après qu'il eut atterri comme une masse sur la branche la plus basse, les vilaines fées le tourmentèrent sans répit. Il fut presque soulagé de voir rappliquer les elfes qui, enragés, se mirent à chasser les fées. Avant de s'enfuir, une des petites fées lui donna un coup sur le nez. Puis les elfes s'emparèrent de Rollo, le tirèrent de l'arbre et le jetèrent sur le sol.

– Alors tu pensais pouvoir t'enfuir ! dit le prince Rouxel d'un air triomphant. Et tu pensais que seuls les elfes te surveillaient. Ha ! tu es plus intelligent que je ne le pensais, troll, mais pas assez.

Rollo fut ramené au village. Il avait le corps endolori, un œil tuméfié, et un goût de sang emplissait sa bouche. En rebondissant sur le sol, le troll tout dépenaillé n'avait plus d'espoir. Il ne doutait pas du fait qu'il allait devenir la principale attraction d'un concours de tir à l'arc chez les elfes.

***

Ridicula leva les yeux vers une falaise escarpée qui s'étirait à perte de vue dans l'ombre et la brume au-dessus d'elle. Elle attendait l'heure où la lumière du jour pénétrerait au fond du Gouffre. La jeune troll ne savait pas pourquoi elle comptait sur la venue du jour, puisque le rêve qu'elle avait fait la veille ne pouvait se réaliser. Par ailleurs, une fée pouvait-elle aider une bande d'ogres, de trolls et de gnomes à traverser une rivière de lave et à escalader un pic inaccessible ? C'était beaucoup plus difficile que d'envoyer un mauvais sort et de faire éternuer tout le monde.

Les trolls étaient en train d'explorer le canyon, à la recherche d'un pont, pendant que les ogres traquaient l'ennemi et que les gnomes cherchaient d'autres passages secrets. Jusque-là personne n'avait travaillé fort au cours de la journée, puisque cela semblait vain. L'absence des elfes rendait cet enfer puant plus désert que jamais.

Nous sommes fous d'être venus ici, pensait Ridicula.

Quelqu'un lui tapa dans le dos et elle se retourna. C'était Pouillane.

– Réjouis-toi, nous allons sortir d'ici.

– Comment ? demanda Ridicula. Nous pourrions retourner à Crachoutos et admettre que nous avons échoué. Mais même si nous parvenions à traverser cette coulée de lave, comment pourrions-nous escalader ce mur ?

Elle désignait l'autre face du Gouffre, où la falaise escarpée les attendait.

Pouillane sourit.

– Je ne sais pas, mais Rollo, lui, trouverait un moyen. Et tu veux être comme Rollo, n'est-ce pas ?

– Je me calmerai quand j'aurai trouvé Rollo, répondit Ridicula. J'aimerais lui confier les exploits, mais je n'ai pas le choix.

– Qu'est-ce que c'est que ça ? couina un gnome, en attirant leur attention sur un groupe de mineurs juchés au sommet du rocher noir.

Un d'entre eux pointait le doigt vers le haut, du côté de Bois-Joli.

Ridicula leva les yeux et vit le soleil décliner rapidement sur la paroi de la falaise. En même temps, un énorme nuage noir descendit avec lui, et l'air humide se remplit de cris aigus. Les gnomes plongèrent aussitôt pour se mettre à l'abri, et les ogres sortirent de leurs cachettes où ils faisaient la sieste.

– Qu'est-ce que c'est que ça ? demanda Masticor, en frottant ses paupières lourdes de sommeil.

– Je ne sais pas, répondit Ridicula. Cela ressemble à une de ces bandes qui combattaient l'autre nuit dans le gouffre. Peut-être qu'elles reprendront leur bataille ici.

– Ce sont de gros oiseaux, s'étonna Pouillane en se pourléchant les babines. Je parie qu'ils ont le même goût que les tripes de lézard.

– Peut-être sont-ils en train de se dire la même chose de nous, ajouta Verna. Vous, prenez les boucliers et, les autres, mettez-vous à l'abri !

Même si elle avait reçu l'ordre de se cacher, Ridicula ne sentit pas le danger en s'approchant de la volée d'oiseaux. Il s'agissait bien d'oiseaux ; ils étaient de toutes les couleurs, de toutes les formes et de toutes les grosseurs. Certains étaient massifs avec des ailes d'une envergure de cinq mètres ; d'autres étaient tout petits et brillants comme des confettis se déversant du bord du canyon. La troll jeta un coup d'œil dans l'autre direction et ne vit aucun essaim de fées.

Pendant que ce nuage tacheté se rapprochait du soleil brillant, Ridicula remarqua que des câbles et des lianes pendaient au bec des plus gros oiseaux. Les plus petits les aidaient à transporter des babioles, comme si tous tentaient de coopérer pour livrer les cordes aux visiteurs.

– Baissez vos armes ! ordonna Ridicula. Je ne crois pas qu'ils nous veuillent du mal.

– Alors que font-ils avec ces câbles ? demanda Masticor, l'air méfiant.

Il était difficile de ne pas fuir devant l'énorme essaim masquant le soleil qui perçait, mais les trolls et les ogres restèrent sur le terrain. Par vagues, les oiseaux atterrirent sur les rochers et sur les plantes, évitant celles qui voulaient les manger. Ridicula comprit que le fond du Gouffre ne leur était pas inconnu et qu'ils y venaient à leur guise.

Elle aperçut un oiseau blanc rayonnant de beauté. Puis elle cligna des yeux devant ce qui lui semblait être des bras et des jambes. Masticor grogna et leva son gourdin.

– C'est une fée, je pense, déclara l'ogre.

– Parmi tous ces oiseaux? demanda Ridicula, émerveillée.

Lorsque la créature vêtue de blanc vint voleter près d'eux, elle ouvrit la bouche de surprise. C'était la fée qu'elle avait vue en rêve.

– Chipie! cria-t-elle.

– Nulle autre que moi-même, répondit la fée, en se posant sur une pierre d'onyx où elle fit une révérence. Je suis l'amie de Rollo, je t'ai rendu visite hier soir.

Masticor contemplait Ridicula.

– Ainsi, tu avais bel et bien vu quelque chose.

– Est-ce que Rollo va bien? lança Ridicula avec inquiétude. L'as-tu vu?

Le petit visage parfait de la fée se troubla.

– Hélas! j'ai vu Rollo. Tout le monde peut le voir, car il est enchaîné à un pilori au milieu d'un village d'elfes. Il va bien, mais il sera exécuté demain.

– Oh, non! soupira Ridicula, sortant ses griffes. Pourquoi veulent-ils tuer le roi troll?

– C'est une longue histoire! cria une autre voix.

Ridicula se retourna et vit un grand oiseau vert lissant ses plumes.

– Les elfes sont des êtres stupides et lâches, voilà pourquoi ! Croyez-moi, ils vont le tuer, c'est certain… si nous ne vous aidons pas.

– Qui es-tu ? fit Pouillane.

Elle avait l'eau à la bouche devant la splendide créature.

– Je suis Kendo, répondit l'oiseau. Je suis enchanté, je fus jadis une fée, mais c'est une longue histoire. Notre problème, ce sont les elfes, pas les fées, car ce sont les elfes qui envoient les fées nous combattre.

– Travaillez-vous ensemble ? demanda Ridicula, en désignant Chipie et Kendo tour à tour.

– Oh, oui, nous sommes dans le même camp, assura la fée en faisant un clin d'œil à son ami. Nous sommes capables de voler, c'est ce qui importe. Et nous vous ferons grimper jusqu'en haut. Jusqu'au sommet.

Elle pointait du doigt la cime de la falaise, éblouissante sous le soleil du midi, semblable à une rivière de lumière.

Masticor ravala sa salive en contemplant les hauteurs.

– Eh bien, merci beaucoup. Bien sûr que nous avons des trolls qui aiment voler, déclara-t-il en poussant Bedono en avant. Vous me tiendrez au courant du déroulement des opérations.

– Non, capitaine Masticor. Nous avons besoin de vous, insista Ridicula. Combien d'entre nous pouvez-vous transporter ?

– Hum, dit Kendo, en étudiant la stature des membres de la bande. Vous êtes plus gros que je ne le pensais. Nous pouvons probablement transporter sept d'entre vous. C'est un long vol et les vents d'en haut sont souvent contraires.

– Ridicula, fit une voix derrière elle.

La troll se retourna et baissa les yeux vers Mouchi.

– Mes gnomes préfèrent rester derrière, poursuivit-il, mais moi j'irai avec vous.

Elle hocha la tête.

– D'accord, ils resteront ici et surveilleront le tunnel. Ils feront des réparations et des trucs de ce genre.

Mouchi secoua gracieusement la tête.

– Merci, maîtresse.

– Alors nous avons cinq gros et un petit, dit Kendo en agitant son bec jaune. Ça devrait aller.

– Bariolo, vas-y, toi, lança Masticor en poussant son subalterne en avant.

– Non, non, capitaine Masticor, il faut que vous y alliez.

Ridicula lui jeta un regard injecté de sang.

– Bariolo doit rester ici et aider les gnomes. S'il vous plaît, capitaine, ce sera l'aventure de votre vie.

– La dernière de ma vie, marmonna l'ogre.

Il se tourna vers sa fidèle compagne.

– Y vas-tu, Verna ?

L'ogresse acquiesça d'un signe de tête.

– Puisque nous avons déjà fait la moitié du voyage, aussi bien voir Bois-Joli.

L'ogre baissa ses larges épaules en signe de résignation.

– Alors je serai des vôtres.

Il se tourna vers la fée et agita le doigt vers la créature éthérée.

– Si c'est un vilain tour pour nous tuer, je vous entraînerai dans notre chute.

– Ce n'est pas un vilain tour, dit Chipie, qui semblait offensée. N'ai-je pas aidé Rollo ? Ne suis-je pas morte pour vous aider à vous débarrasser de Styxus Rex ? Qu'est-ce que je peux faire de plus pour vous prouver ma bonne foi ?

– Et comment es-tu revenue ? demanda Verna d'un air méfiant.

– Rollo m'a ramenée à la vie avec le couteau noir, répondit joyeusement la fée. Croyez-moi, tout se déroulera à la perfection si vous parvenez à sauver Rollo. Les elfes ne s'attendent pas à vous voir.

Pas un troll, pas un ogre n'avait envie d'aller au ciel avec ces volatiles. Ridicula les exhorta à le faire.

– Allons, Rollo, lui, le ferait pour vous. Il y a des milliers d'oiseaux et nous avons des cordes d'escalade et des harnais en plus des lianes. Nous pouvons parvenir au sommet!

Un par un, les trolls et les ogres approuvèrent, ainsi que Mouchi, le brave gnome. Kendo croassait et les oiseaux agitaient leurs ailes.

– Dépêchons-nous! disait Chipie. Nous ne devons pas gaspiller toute cette précieuse lumière.

Pendant que l'ombre envahissait les parois du canyon, les six membres de la bande furent ficelés comme des saucissons. Les cordes et les lianes étaient reliées à des douzaines d'oiseaux. Chacun d'entre eux fut attelé aux condors géants dont les ailes mesuraient cinq mètres. Cela les rassura un peu.

– Pouvons-nous faire un essai? demanda Masticor avec nervosité.

Bedono levait déjà les bras, mais Ridicula lui fit signe d'arrêter.

– Je vais essayer la première, dit-elle. Si jamais nous revoyons ce fou de Rollo, vous lui raconterez tout ce que j'ai fait pour devenir sa reine.

Elle vérifia l'attelage qui la liait à un condor et à plus de trente oiseaux, incluant le perroquet Kendo.

– Pas de problème, dit l'oiseau vert. Tu vas t'élever comme un cerf-volant. Attends que nous attrapions un bon courant d'air.

Ridicula avala sa salive. Peu importe. Elle jeta un coup d'œil à Pouillane.

– Ça, c'est imiter Rollo plus que je ne le voulais, lui dit-elle.

Pouillane rigolait.

– Je suis derrière toi !

Kendo croassait d'impatience et le condor étendit ses ailes immenses. Tous les autres oiseaux se mirent à battre des ailes et les cordes se tendirent. Même si elle s'attendait au choc, sous l'effet de la surprise, Ridicula poussa un cri strident quand ses pieds quittèrent le sol. Subitement, elle s'éleva dans les airs. Elle avait l'estomac noué. Elle était contente de n'avoir pas trop mangé. Les harnais et les cordes entamaient à peine son épaisse peau de troll et elle ne ressentit aucun malaise… avant de regarder en bas.

La rivière enragée était recouverte d'une croûte de lave brûlante serpentant au-dessous d'elle et Ridicula s'efforça de ne pas se laisser envahir par la panique. *Les oiseaux ne veulent pas descendre là-dedans eux non plus*, se dit-elle, *et nous continuons à monter.* Ridicula préférait regarder en haut. Elle remarqua que les oiseaux luttaient péniblement pour gagner de l'altitude dans l'air humide et chaud. *Il vaut mieux regarder droit devant.* Pour éviter d'avoir peur, Ridicula se tordit le cou quand elle aperçut l'oiseau parleur.

– Kendo ! hurla-t-elle. Il y avait des elfes dans le Gouffre. De votre côté ! Qu'est-ce qu'ils faisaient en bas ?

Entre deux battements d'ailes, l'oiseau cria :

– Ces crétins d'elfes ! Ils cherchaient un trésor, naturellement. Les elfes aiment tellement les trésors, c'est à croire qu'ils sont de la famille des dragons.

– Des trésors et des dragons ? dit Ridicula, fascinée. Ces choses existent-elles vraiment ?

– Seulement ici ! répondit Kendo qui cessa subitement de s'agiter comme un fou et se mit à planer en déployant ses ailes.

La troll regarda autour d'elle et vit que tous les oiseaux planaient, les ailes largement ouvertes, tout en s'élevant de plus en plus vite. Elle regarda en bas et en arrière et constata que ses camarades s'élevaient également du gouffre brûlant. Chacun ressemblait à un ballon accroché à un nuage. La coulée de lave inondait tout le canyon et Ridicula s'émerveillait devant le spectacle grandiose du feu fouettant les parois de la gorge. Elle sentait la poussée de l'air chaud contre son corps tandis qu'ils planaient vers les hauteurs.

– Enfin un bon courant d'air ! croassa Kendo. Maintenant je peux me détendre et te parler, petite. Vous les trolls, vous ne connaissez rien au Gouffre, semble-t-il.

– En effet, admit Ridicula. S'il te plaît, raconte-moi.

– Il y a très longtemps, il n'y avait pas de Gouffre, dit l'oiseau. Et vous les amis, vous ne cessiez de flanquer des volées aux elfes et aux fées. Alors ils se réfugièrent à Bois-Joli et offrirent un gros trésor au vieux roi troll pour qu'il les laisse tranquilles.

– Le vieux roi troll ? demanda Ridicula avec excitation. Il a vraiment existé, lui aussi ?

– N'est-ce pas ce que je viens de dire ? répliqua Kendo. Le roi troll embaucha Batmole, un sorcier qui jouait avec les éléments, et lui demanda de provoquer une éruption volcanique. Le Gouffre a été créé dans le but de séparer les deux terres. Alors Batmole se mit au travail. Il fit du bon boulot, car le glacier fondit, il y eut une inondation et tout contribua à sculpter le Gouffre.

L'oiseau secoua sa tête emplumée.

– C'est là que l'histoire se corse. Même si tout s'est déroulé tel que prévu, le trésor du roi troll fut volé avant qu'il ne soit remis à Batmole. Selon nos légendes, le trésor était caché dans le Gouffre, mais personne ne l'a trouvé. Le roi troll ne put payer ce qu'il devait à Batmole. Les sorciers en colère s'unirent et prirent Crachoutos. C'est ce que raconte l'histoire.

Ridicula soupira. Telle était l'histoire de Crachoutos avant le règne des sorciers et l'ascension de Styxus Rex ! Par la suite, ce dernier s'était débarrassé des autres sorciers et avait réduit les trolls à l'esclavage. Il espérait que tout le monde oublie la disparition du trésor qui, en principe, revenait aux trolls. *Nous avons oublié l'histoire et nous avons souffert à cause de ça !* trancha Ridicula.

La seule pensée d'avoir un trésor fit battre son cœur avide, mais il fallait d'abord sauver Rollo. La chasse au trésor viendrait plus tard, lorsqu'elle serait reine.

– Nous en avons pour combien de temps ? demanda-t-elle.

– Avec ces courants, nous devrions arriver dans moins d'une heure, répondit l'oiseau vert.

– Plus vite ! Dépêche-toi ! cria Ridicula.

Kendo battit des ailes plus rapidement, mais le trajet était long pour atteindre le sommet. Ridicula vit une ombre énorme les dépasser, mais lorsqu'elle leva les yeux, l'ombre avait disparu. Loin au-dessus d'elle, le ciel était parfaitement bleu.

Alors qu'ils remontaient le vaste canyon, les oiseaux et leurs passagers entortillés ressemblaient à des points minuscules perdus dans la brume.

CHAPITRE ONZE

TOMBER DANS LA FORÊT

Voler était une aventure des plus excitantes, même si la remontée du Gouffre semblait prendre des années. Ridicula, qui continuait de chercher ses camarades en regardant en bas, vit les oiseaux lutter pour transporter le capitaine Masticor le long de la paroi jusqu'au sommet du pic. Soudain une corde se détacha du harnais que portait le capitaine, et deux oiseaux passèrent en trombe comme s'ils avaient été projetés par une fronde. Au moment où Ridicula craignait que le gros ogre ne tombe au fond, un énorme condor s'empara de la corde qui le reliait à Mouchi et vola au secours de l'ogre.

L'oiseau gigantesque relaya un des petits oiseaux qui transportaient Masticor. Pendant qu'ils s'organisaient, son attelage avait perdu de l'altitude sans toutefois atteindre la lave qui se faufilait dans le canyon comme un serpent de feu.

Voyant que ses propres oiseaux luttaient péniblement, Ridicula tourna les yeux vers ses camarades. La jeune troll retint son souffle jusqu'à ce qu'elle aperçoive les arbres de Bois-Joli. La forêt était d'un vert resplendissant, baignée par la lumière dorée qui couronnait le pic. La végétation luxuriante lui paraissait étrange, quoique ravissante, et elle ne savait si elle devait se réjouir de respirer les odeurs sucrées que transportait la douce brise.

– Préparez-vous à atterrir ! cria Kendo. Nous ne voulons pas être repérés.

Ridicula approuva de la tête, car elle ne demandait pas mieux. Les oiseaux avaient choisi une clairière au-delà de la première rangée d'arbres. Il semblait y avoir eu un village, mais il ne restait que les contours des maisons sur le sol. Ici et là, on voyait des traces de feu, comme si quelque chose avait explosé. *Peut-être des boules de feu*, pensa Ridicula.

Les oiseaux volèrent au-dessus des arbres avant d'atteindre la clairière et, fatigués, déposèrent la lourde troll un peu trop vite. Ridicula heurta le sol en courant, effectua un saut périlleux et s'emmêla dans les câbles, les lianes et les ficelles pendant que les oiseaux battaient des ailes désespérément autour d'elle.

Mouchi arriva par la suite ; il était le plus léger et l'avait presque rejointe. Le gnome atterrit gracieusement et détacha rapidement son harnais. Bedono, Pouillane et Verna furent déposés les uns après les autres ; il y avait tellement d'oiseaux que les trois compères se mirent à crier. Pendant que les autres dénouaient les cordes, détachaient les harnais et libéraient les volatiles, Ridicula scrutait le ciel, cherchant des yeux le capitaine Masticor.

– Il était derrière moi, dit Verna. Mais il était sans doute loin derrière moi.

Chipie se posa sur le sol près de Ridicula et se dirigea vers les sous-bois touffus.

– Par-là vous trouverez un sentier qui va à Vallée-Chérie, le village où Rollo est emprisonné. Je vous ai avertis, il n'a plus qu'une nuit à vivre. Dès que la pleine lune se lèvera, il sera exécuté.

– À quelle distance ? demanda Ridicula qui scrutait la cime des arbres, espérant voir Masticor, mais le gros ogre s'attardait encore derrière eux.

Avant que Chipie ne puisse répondre, un long chant d'oiseau exotique retentit dans la forêt, et la fée se pencha nerveusement.

– Des fées, chuchota-t-elle. Les elfes ne sont pas très loin derrière nous. Les oiseaux vont tenter de les distraire, mais efforcez-vous de vous cacher.

– Et Masticor ? dit Ridicula avec inquiétude.

La fée détala et disparut dans les buissons. Ridicula pivota sur elle-même et vit Mouchi, Bedono et Pouillane ramasser leurs harnais et foncer vers les arbres. Seule Verna demeurait derrière, observant le ciel, espérant apercevoir Masticor.

Un oiseau vert les dépassa à toute vitesse, forçant la troll et l'ogresse à se jeter sur le sol.

– Courez, mes poupées, siffla Kendo en tournoyant au-dessus de leurs têtes. Ne laissez pas les elfes vous voir !

À ces mots, l'oiseau enchanté vola vers la forêt d'où venaient des appels étouffés par les arbres. *Les elfes*, pensa Ridicula avec inquiétude. Elle agrippa Verna et l'attira dans les lianes. Elles se laissèrent tomber sur le ventre tandis qu'une escouade d'elfes se précipitaient dans la clairière, leurs arcs tendus.

Du ciel provenaient des cris et Ridicula étira le cou, croyant que le capitaine Masticor était dans le pétrin. Mais non, ce n'était qu'une escarmouche entre les fées et les oiseaux qui s'agglutinaient comme des abeilles furieuses.

C'est alors que s'éleva un roulement de tonnerre, et une ondée chaude se déversa du ciel. Les trolls, les ogres et le seul gnome de la bande s'étaient mis à l'abri sous les arbres de sorte que la pluie les atteignait à peine. Ils s'enfouirent plus profondément sous la couche d'humus qui tapissait le sol de la forêt tandis que les elfes subissaient le déluge. Ces derniers avancèrent vers la cachette de Ridicula, traversant la clairière à grandes enjambées. Même les oiseaux et les fées fuyaient la pluie et cela n'aidait pas Ridicula.

À côté d'elle, Verna s'énervait. Elle leva son gourdin, prête à affronter l'ennemi qui approchait. D'un moment à l'autre, ses amis et elle allaient être découverts.

Surgissant de nulle part, une énorme silhouette balaya la cime des arbres et dégringola dans la clairière. Les elfes n'eurent que le temps de lever leurs armes pour se défendre; la monstrueuse forme les heurta de plein fouet. Poussant un grognement sonore, le capitaine Masticor atterrit à plat ventre sur trois elfes fort malchanceux de se trouver là, et en renversa d'autres comme autant de quilles. Des oiseaux épuisés, y compris les deux grands condors, voletèrent au-dessus des elfes empêtrés dans les cordes et les lianes.

Il y eut tout un chahut dans la mare pluvieuse. Un des elfes tenta de sortir une flèche de son carquois, mais le bout de son arc était brisé. Lorsque Verna fonça sur les elfes en brandissant son gourdin, la moitié d'entre eux s'enfuirent en courant, terrorisés. Le reste de la bande avait été anéanti par la chute de Masticor. Verna prit un couteau et trancha rapidement les liens du gros ogre au milieu des oiseaux qui se débattaient. Ridicula courut vers Masticor et l'aida à se relever. Le capitaine avait l'air passablement troublé.

– Est-ce que j'ai bien atterri ? demanda-t-il. Je me suis senti un peu secoué.

– Très bien, répondit la troll. Et maintenant tu dois courir très vite.

Masticor approuva de la tête, mais il avait les jambes molles et sa tête tournait. Les oiseaux, trop fatigués pour voler, filèrent dans les buissons, sautant de branche en branche.

Ridicula repéra Pouillane, Bedono et Mouchi qui lui faisaient signe dans les sous-bois. Avec l'aide de Verna, elle tira le gros ogre vers la haie d'arbres, où tous l'aidèrent à le transporter. Tandis que la pluie déferlait, la bande de Crachoutos s'enfonça bruyamment dans un Bois-Joli inconnu.

***

Très haut dans un arbre, un rire fusa, couvert par un coup de tonnerre.

– Quelle performance ! glapit Styxus Rex en s'essuyant les yeux avec un mouchoir noir. Il changea de position et s'assit plus confortablement sur la branche où il était posé.

– Je n'avais pas ri autant depuis le jour où les autres mages ont goûté à ma cuisine, ajouta-t-il.

– Et où sont-ils maintenant ? demanda Chipie d'un air innocent.

La fée connaissait déjà la réponse, mais elle prenait un grand plaisir à écouter son maître lui raconter ses funestes histoires.

Il haussa les épaules.

– Des malaises intestinaux les ont achevés, quelle malédiction ! Mais je trouve que Crachoutos est beaucoup plus triste sans eux.

– Et avec vous comme seul sorcier, ajouta la folle fée en riant.

Elle regarda l'eau dégouliner sur les feuilles et sur les branches.

– Je dois dire que la pluie était une bonne idée, approuva-t-elle.

– C'était facile de jeter ce sort par ici, dit Styxus Rex, satisfait. Je maîtrise mieux les éléments de ce côté-ci du Gouffre. Mais, Chipie, tous ces petits jeux nous causent beaucoup d'ennuis. Es-tu certaine que nous en retirerons quelque chose ?

– Oui, maître, fit Chipie en poussant un hennissement. Lorsque la bande de trolls et d'ogres s'échappera ou tentera de le faire, je suis certaine que les fées et les elfes attaqueront Crachoutos. Les fées sont capables de voler et les elfes peuvent traverser le Gouffre. De plus, ils ont des catapultes. Après cette attaque, tout Crachoutos se ralliera sous vos ordres. Et, vous pourrez envahir Bois-Joli.

La fée battit des mains et ses ailes frémirent.

– Et moi, je serai dans les bonnes grâces de Rollo.

– Surveille bien ce troll, dit Styxus Rex d'un air sombre. Il sème toujours le trouble.

– Pas si nous utilisons le couteau du serpent contre lui, chuchota Chipie qui tremblait de joie à l'idée de s'en servir.

Le sorcier leva son sourcil embroussaillé et parsemé de verrues brunâtres.

– Je vois, répondit-il d'un air pensif. Ainsi, j'aurai un allié jouissant de l'estime de tous. Il endossera mes actions. Ou, mieux encore, j'en ferai une marionnette et tirerai les ficelles. Bien pensé, ma petite fée chérie.

D'un air méfiant, le mage toucha le couteau noir qu'il portait à sa ceinture.

Mais je garderai ceci... pour l'instant. Ainsi je ferai en sorte que Rollo et ses amis ne reviennent jamais.

– Comme il vous plaira, maître, dit la fée en reculant.

Et elle disparut en faisant battre ses ailes.

***

La bande meurtrie, trempée par l'averse, avançait péniblement dans l'étrange forêt, l'air perdu et effrayé. Verna et Pouillane ouvraient la marche. Ridicula et Bedono aidaient le capitaine Masticor, encore étourdi, tandis que Mouchi suivait. Ils craignaient surtout les flèches empoisonnées des elfes. Ridicula avait encore un sachet d'antidote dont il ne restait que la moitié. Cette quantité ne pouvait suffire à soigner qu'un seul d'entre eux.

Ils ne pouvaient continuer ainsi à courir tête baissée dans la forêt et Masticor avait besoin de se reposer et de reprendre ses esprits. Il n'était pas sage de s'arrêter, mais elle décida d'en donner l'ordre.

– Halte ! Tout le monde s'arrête !

Avec un soupir de soulagement, Ridicula et Bedono déposèrent doucement le capitaine Masticor sur le sol, où le gros ogre se roula en boule et commença aussitôt à ronfler. Mouchi s'empressa de le rejoindre. Verna et Pouillane regagnèrent leur poste.

– Pourquoi nous arrêtons-nous ? demanda Pouillane.

– Sais-tu seulement où nous allons ? rétorqua Ridicula. Allons-nous vers Rollo ou est-ce que nous nous éloignons de lui ?

La grosse troll secoua les épaules.

– D'accord, je sais seulement que nous fuyons les elfes.

– Ça ne donne pas grand-chose, dit Ridicula. Chipie m'a montré le chemin qui nous conduira à Rollo. Il est à l'extérieur, ce qui va nous faciliter les choses.

– Avez-vous un plan pour le délivrer? demanda Verna.

– Euh… c'est-à-dire que nous devons d'abord étudier la situation, répondit Ridicula. Mais j'ai pensé que nous devrions nous servir de notre troll volant.

Elle fixa Bedono avec espoir.

Le jeune troll regardait ses camarades d'un air ébahi. Il dit en bégayant:

– Oh oui, certainement, je peux voler, entrer et sortir… et faire plein de choses.

Il se tourna vers Ridicula, l'air désespéré.

– Nous ferons un plan plus tard, déclara la troll. Maintenant nous devons retourner à la clairière et trouver le sentier qui conduit à Vallée-Chérie.

– Les bois sont remplis d'elfes, dit Verna. Nous avons besoin d'un éclaireur pour avancer, quelqu'un qui n'est pas facile à repérer.

Tous les yeux se tournèrent vers Mouchi, le plus petit de la bande.

– D'accord, fit le gnome. Je pousserai un cri de chauve-souris si je croise un elfe. Devons-nous suivre le sentier que nous avons tracé?

Ridicula lorgnait la cime obscure des arbres trempés par l'averse. La forêt semblait paisible après la pluie, voire sombre et mélancolique, mais Ridicula se dit que cette paix n'était qu'une illusion.

– Je n'irais pas de ce côté, croassa une voix.

Tous se retournèrent, se demandant d'où venait la voix.

– Baissez vos armes, s'il vous plaît, poursuivit la voix agaçante. C'est moi, Kendo.

– Ah, c'est l'oiseau, marmonna Verna, en abaissant son gourdin.

– Nous devons beaucoup aux oiseaux, dit Ridicula, en pensant néanmoins que Kendo lui tapait sur les nerfs. Descendez, nous ne vous ferons pas de mal.

Elle leva les yeux vers les branches, mais il n'était plus là. L'oiseau apparut sous une fougère.

– Vous avez de la chance que les volatiles détournent les fées, lança l'oiseau coloré, sinon elles vous auraient trouvés, c'est sûr. Les elfes, vous pouvez les éviter car la plupart d'entre eux sont à Vallée-Chérie. Ne vous inquiétez pas, je vous aiderai à vous y rendre.

– Nous ne bougerons pas d'ici avant que Masticor reprenne des forces, répondit Verna en désignant l'ogre endormi.

– Si nous avons le temps, dit Ridicula, j'aimerais que vous entendiez l'histoire que Kendo m'a racontée pendant que nous volions. Kendo, peux-tu la raconter à mes amis ? Je pourrais le faire, mais tu la racontes si bien.

L'oiseau bomba sa poitrine verte et lissa les plumes de sa queue.

– Oui, je sais raconter les histoires mieux que quiconque. Je ne peux croire qu'à Crachoutos personne ne connaît celle du vieux roi troll, du trésor disparu, du sorcier Batmole et de la manière dont le Gouffre a été créé.

– Raconte-nous ! s'écria Bedono, en s'affalant sur le sol.

Puis Kendo relata l'histoire avec force détails, de la même façon qu'il l'avait racontée à Ridicula. Bouche bée, tous écoutèrent l'oiseau leur révéler comment le Gouffre avait surgi de la terre pour séparer les terres ennemies et comment le trésor avait été dérobé au vieux roi. Puis Kendo décrivit comment le sorcier, fâché de n'avoir pas été payé, avait incité tous les autres sorciers à envahir Crachoutos et à réduire les trolls en esclavage.

Même si elle entendait cette histoire pour la deuxième fois, Ridicula était encore sous le charme. Les trous béants dans ce qu'ils avaient su de cette histoire s'étaient remplis de la lumière de la lune, et la bande de Crachoutos avait les yeux rivés sur l'oiseau imbu de lui-même. Lorsque le récit fut terminé, ils demeurèrent longtemps assis sans parler.

– Nous sommes au beau milieu de l'histoire, dit l'oiseau, même si celle-ci a débuté il y a mille ans. Les elfes sont toujours à la recherche du trésor, les deux pays continuent de se battre et les trolls souhaitent le retour de leur roi.

Derrière eux, une voix beugla:

– Et vous les oiseaux, qu'est-ce que vous retirez de tout ça?

Tous se tournèrent vers le capitaine Masticor qui avait posé la question. Assis, il les regardait d'un air inquiet.

– Nous obtenons notre vengeance, nous aussi, déclara l'oiseau. Nous subissons le même sort que les trolls soumis. Les elfes sont même pires que les ogres pour nous, sauf votre respect. Les elfes aiment notre chair, et les fées prennent tous nos perchoirs et volent nos œufs. Cette guerre couvait depuis longtemps et, avec l'aide de Styxus Rex, nous…

– Styxus Rex? demanda Ridicula, troublée. Il est mort, il ne peut pas vous aider.

L'oiseau s'étouffa.

– Je veux dire… il nous a aidés auparavant… lors de sa première visite. C'est lui qui a convaincu les oiseaux de se défendre, selon ma version, évidemment. C'est dommage qu'il ait disparu, mais il est notre source d'inspiration. Lorsque je parle de Styxus Rex, naturellement, je pense à tous nos amis de Crachoutos.

L'oiseau qui sautillait sur le sol alla se percher sur une branche.

– Si vous êtes tous réveillés, que diriez-vous d'aller faire un tour au village ? Le gnome passera devant le reste de la bande et je lui transmettrai des messages. Il agitera son chapeau pour vous guider. Ne le perdez pas de vue. Sommes-nous prêts ?

Kendo n'attendit pas la réponse. Il étendit ses longues ailes et s'envola vers une branche éloignée. Le petit Mouchi se hâta de le suivre, tandis que les autres ramassaient leur attirail en traînant les pieds.

Ridicula, sentant une présence lugubre près d'elle, se retourna pour regarder le capitaine Masticor.

– Penses-tu que nous pouvons nous fier à ce jacasseur vert ? demanda l'ogre.

– Je ne sais pas, avoua Ridicula. Il semble admirer Styxus Rex et il en parle comme si le sorcier était encore en vie.

Masticor émit un gloussement.

– Eh bien, c'est un héros pour les oiseaux. Comme Rollo, il les a incités à se révolter contre les forces obscures qui font planer la malédiction sur cet endroit.

– Probablement, répondit Ridicula, d'un air pensif. Tout cela devient confus, n'est-ce pas ? Styxus Rex est leur héros et les oiseaux veulent nous aider. Et comment allons-nous retourner à la maison… après avoir sauvé Rollo ?

– Je passerai le reste de ma vie ici, dit Masticor, plutôt que de me faire transporter une autre fois par ces oiseaux.

Le gros ogre frissonna, et son épaisse fourrure se hérissa.

– Quant à retourner à la maison, ajouta-t-il, c'est à toi de me dire comment nous allons faire. C'est toi qui commandes.

– Merci pour ce vote de confiance, fit Ridicula.

C'est à elle que revenait de prendre la décision. Ses fidèles amis l'avaient suivie dans la vaste étendue du Gouffre et avaient volé avec les oiseaux ; ils la suivraient probablement jusqu'à la mort. Ils étaient en territoire ennemi, entourés par leurs adversaires, ayant pour seuls alliés des volées d'oiseaux et une fée bien vivante. Plus ils approchaient de leur but, plus les dangers grandissaient, et plus les chances de succès paraissaient s'amenuiser.

– L'oiseau et le gnome avancent rapidement, dit Verna. Tâchons de nous hâter et de garder le rythme !

Ridicula, constatant qu'elle était à la fin de la file, rejoignit les autres. Il n'était pas nécessaire qu'ils voient à quel point elle était nerveuse. Ils marchaient, les yeux écarquillés, manifestement sur leurs gardes. Le plaisir de traverser le tunnel avait fait place à la terreur de s'enfoncer dans une forêt remplie d'elfes, de fées et de flèches empoisonnées.

***

– Je vous le dis, ils ont un ogre volant ! gémit une elfe effrayée en titubant dans le village de Vallée-Chérie. Il est aussi gros qu'une maison ! À lui seul, il a réussi à nous renverser.

Attaché au pilori, Rollo faisait semblant de dormir. Ses bras et ses jambes étaient enchâssés dans des blocs de bois qui le forçaient à rester debout. Assoiffé, épuisé d'avoir été exposé en plein air au mépris des elfes, il n'avait pas perdu espoir. Il en était certain, il aurait une autre occasion de s'échapper, même s'il ne pouvait se douter qu'un ogre volerait dans le décor.

Grâce à sa position, au milieu de la place centrale, le troll entendait tout ce qui se passait dans le village. Il écouta attentivement pour en apprendre davantage, mais le prince Rouxel renvoya la messagère dans une hutte. Soudain Rollo sentit qu'une motte de terre l'atteignait sur le côté et, en se tordant le cou, il vit un elfe aux cheveux sombres qui lui parlait d'une voix hargneuse.

– Alors est-ce que tu as encore des amis dans notre pays ? demanda l'elfe. Parle, espèce de troll affreux !

Son tortionnaire s'empara d'une autre motte de terre et la lui lança, touchant Rollo à l'épaule.

Le jeune troll cligna des yeux, tressaillit, puis il cria en grimaçant.

– Ah, l'armée des ogres volants est finalement arrivée ! Ils tombent du ciel ! Attention !

L'elfe se recroquevilla et leva les yeux, ce qui fit rire Rollo de bon cœur.

Voyant son hilarité, le gardien cracha :

– Nous allons te régler ton compte, vilain troll ! Lorsque la lune se lèvera, tu auras ce que tu mérites.

D'un air hautain, l'elfe retourna à son poste, à sept mètres de là.

Rollo ferma les yeux et feignit d'avoir l'air abattu, mais il était heureux de savoir que les ogres étaient à Bois-Joli. C'était sans doute des gens qu'il connaissait.

***

La voûte feuillue de Bois-Joli était si épaisse qu'on n'avait pas l'impression d'être en plein jour, pensait Ridicula. C'était plutôt un étrange crépuscule, où brillaient des éclats de soleil miroitant à travers les feuilles. Les odeurs étaient douces et capiteuses, très différentes des odeurs du marais, à tel point que Ridicula en fut presque incommodée. Pendant un moment, elle dut se couvrir le museau.

Les braves avançaient d'un bon pas, même s'ils devaient parfois attendre que Kendo et Mouchi explorent les lieux. À l'occasion ils voyaient la lampe de Mouchi s'agiter au-dessus du sous-bois et marchaient dans sa direction. De cette façon, la bande put progresser à travers la forêt touffue même sans sentier. Ridicula s'inquiétait. Et si Kendo et les autres oiseaux leur avaient joué un tour ? Mais pourquoi l'auraient-ils fait ? Si les volatiles leur voulaient du mal, ils n'avaient qu'à les laisser se débrouiller seuls dans cet endroit bizarre.

Ridicula sentit une étrange vibration parcourir le sol. Quelques gouttes d'eau tombèrent des arbres. Tout le monde s'arrêta et la vibration secoua le sol une autre fois, avant que ne tombent d'autres gouttes d'eau des branches au-dessus d'eux. Toutes les deux secondes, le sol tremblait, et on entendait des craquements d'arbres brisés.

– Quelque chose vient vers nous, murmura Bedono.

Pouillane le protégea en l'entourant de son bras.

– Ça a l'air d'être gros !

– Un tremblement de terre ? demanda le

capitaine Masticor en ravalant bruyamment sa salive.

– Je n'ai jamais entendu la terre trembler à des intervalles aussi réguliers, répondit Verna au moment où la forêt tremblait de nouveau et que les troncs d'arbres craquaient au loin. Où est Mouchi ? demanda-t-elle.

Tous le cherchèrent du regard, mais le gnome avait disparu dans les sous-bois, ce qui leur confirmait l'imminence d'un danger. Quand la forêt tremblait, Ridicula vacillait sur ses pieds. Le capitaine Masticor contempla les alentours en grimaçant.

– Ça ressemble à quelque chose que je connais.

Soudain le sol trembla de plus belle et tous tombèrent à la renverse. Un immense tronc d'arbre s'était abattu sur le sol, semant la terreur et la confusion, et toute la bande se tapit dans des trous. Ridicula s'accroupit derrière un amoncellement de lianes en pensant que la forêt entière allait exploser en des milliers d'éclats. Et pour couronner le tout, l'air fut secoué par une formidable détonation : c'était le plus gros rot que la jeune troll avait jamais entendu.

– Il est de retour ! gémit le capitaine Masticor.

CHAPITRE DOUZE

UNE VIEILLE CONNAISSANCE

– Qui est de retour ? demanda Ridicula.

Avant même qu'un de ses camarades ne lui réponde, une énorme silhouette vola au-dessus d'eux et atterrit dans les arbres, ouvrant une grande brèche dans la forêt. Il ne s'agissait ni d'un elfe ni d'une fée ; c'était comme une montagne volante. Le monstre laissa échapper une autre formidable éructation avant de bondir une fois de plus et d'atterrir très loin mais avec assez de force pour secouer tout Bois-Joli.

– Qu'est-ce que c'est que ça ? lança Ridicula, sortant sa tête embroussaillée des lianes.

Bedono fila vers le capitaine Masticor et demanda :

– Est-ce qu'il est seul ?

– Je ne sais pas, répondit le gros ogre, fixant la cime des arbres d'un air craintif. Je me suis toujours demandé où était passée cette bête.

– Quelle bête ? fit Ridicula.

Les autres la considérèrent avec surprise.

– Tu ne l'as jamais vu? demanda Masticor. C'est Vieux Rot, la monture préférée de Styxus Rex. Aussi infect que gros.

Les autres approuvèrent en hochant la tête.

– Je n'ai jamais pu le voir, dit Ridicula avec étonnement. Et toi?

– Non, mais nous avons pu l'entendre, répondit Bedono en frissonnant. Et le sentir. Il n'y a qu'un animal qui puisse sauter comme ça, et c'est le crapaud géant.

Comme pour souligner ce qu'il venait de dire, la terre trembla de nouveau sous l'effet d'un autre atterrissage au loin dans la forêt.

– Peut-être que c'est un autre crapaud? suggéra Verna.

– Tu crois qu'il peut y en avoir plus d'un? lança Pouillane.

Pendant qu'ils discutaient de cette hypothèse, Ridicula contemplait la forêt vierge. *Génial, maintenant il faut que je veille à ne pas me faire piétiner par des crapauds géants.*

– Où est Mouchi? dit-elle. Et l'oiseau?

Verna désigna les arbres.

– Je pense qu'ils sont allés par-là.

– Non, plutôt par ici, affirma Pouillane, en désignant l'autre direction.

Le sol tremblait à intervalles réguliers tandis que Ridicula cherchait les traces des petits pieds de Mouchi. Les autres l'imitèrent aussitôt, mais le sol était couvert de végétation et jonché d'aiguilles, si bien qu'ils ne trouvèrent rien.

– Devrions-nous les appeler? demanda Pouillane.

– Non, chuchota Ridicula, nous ne savons pas qui rôde par ici.

Elle scruta les alentours avec nervosité et vit que toute la bande la dévisageait, attendant sa décision.

– Dispersez-vous, dit la troll d'une voix lasse. Allez dans différentes directions et essayez de trouver Mouchi et Kendo. Je vais rester ici... à piétiner dans cette clairière. Ne vous éloignez pas trop, et servez-vous de votre tête.

– Oui, chef, répondit le capitaine Masticor avec force.

Il jeta un coup d'œil aux autres, s'assurant que tous avaient compris les ordres.

Les quatre explorateurs, deux trolls et deux ogres, choisirent chacun une direction et s'éloignèrent. Ils pénétrèrent dans d'épaisses broussailles et disparurent en quelques secondes. Ridicula se sentit terriblement seule. Elle n'entendait aucun bruit à part le chant des insectes et les doux «ploc» des gouttes d'eau. C'était comme si tous les êtres vivants se cachaient, terrorisés par Vieux Rot.

Debout dans la forêt, écoutant le léger grésillement des insectes, la troll sentit la fatigue envahir ses jambes. Elle chancela sur ses pieds, se détendit peu à peu et, avec un hoquet de surprise, se laissa choir sur le sol. Elle était éveillée, mais ses muscles n'avaient plus de ressort. Ridicula ne s'inquiéta pas outre mesure ; le grésillement des insectes était rassurant.

Soudain il lui vint à l'esprit que ses camarades n'allaient pas revenir. Elle était seule au milieu du mystérieux bosquet, bercée par des bruits doux, éprouvant une paix profonde. La jeune troll ne put même pas se rappeler la peur qui la hantait. Elle se souvint simplement de Rollo, de son visage, de ses grosses épaules voûtées. Elle se sentait proche de lui, malgré la distance qui les séparait. Assise au milieu de cette clairière enchantée, elle songea que la vie suivait son cours.

Toutefois, il lui sembla que la douce brise transportait un parfum beaucoup plus puissant que celui des fleurs. Pendant que Ridicula tentait de deviner d'où venait cette délicieuse odeur, elle se laissa glisser dans les feuilles et les branches de la forêt et s'endormit.

Lorsque qu'elle se réveilla, elle était entourée d'eau. Pourtant elle n'était pas mouillée. Elle titubait, les pieds posés sur une mince corniche d'où elle voyait l'eau s'écouler dans un trou sans fond. *Je suis au milieu d'une chute !* pensa-t-elle avec inquiétude. La troll se pencha jusqu'à ce qu'elle sente un jet d'eau froide dans son dos. Elle était dans une grotte sombre dont les parois s'élevaient à perte de vue, ne laissant filtrer qu'un petit point de lumière.

Son instinct lui dit qu'elle était soit sous la terre, soit au niveau du sol… Peut-être au sein d'une montagne. *Si c'est une vraie chute, c'est toute une chute!* pensa-t-elle. *Si j'essaie de foncer à travers le torrent, je vais me tuer. Et je ne saurai pas davantage comment sortir d'ici. Comment suis-je arrivée ici, au fait?*

– Masticor! appela-t-elle. Pouillane! Est-ce que vous m'entendez?

Seul le rugissement de l'eau répondit à ses appels, mais elle continua à crier jusqu'à l'épuisement. Le grondement impitoyable de la cascade se répercutait à l'intérieur de la grotte et couvrait ses cris.

Ridicula se laissa glisser sur son derrière et se couvrit les yeux. C'est tout ce qu'elle savait faire pour éviter de sangloter, elle ravala ses larmes. *J'ai échoué! Rollo va mourir!* se dit-elle, désespérée. *Nous allons probablement tous périr. J'ai conduit Rollo à sa perte… et toute la bande!*

Elle laissa tomber sa tête embroussaillée et entendit une voix mélodieuse qui s'élevait de l'eau tumultueuse.

– Ne crains rien, mon enfant, dit la voix apaisante. Nous ne te voulons aucun mal. Nous voulons seulement savoir si, toi, tu nous veux du mal.

Ridicula contempla les trombes d'eau qui l'entouraient. La voix semblait venir de partout à la fois, à moins que ce ne fût de son esprit. La jeune troll se releva bravement.

– Nous ne voulons vous faire aucun mal, s'écria-t-elle, mais nous nous défendrons si on nous attaque. Nous sommes simplement venus sauver Rollo. Connaissez-vous Rollo ?

– Oui, je connais Rollo, soupira la voix avec lassitude. Je lui ai déjà fait confiance, mais je ne suis plus sûre de lui. Savez-vous ce qu'est devenue la fée Chipie ?

– Nous venons juste de la voir, répondit la troll. Elle a demandé aux oiseaux de nous remonter du fond du Gouffre. C'est l'amie de Rollo, vous savez.

– C'est ce que nous avons cru, répliqua la voix tranchante. Ces nouvelles ne font que m'inquiéter davantage, car nous craignions déjà que Chipie n'aide nos ennemis. Or nos ennemis ce sont les oiseaux. Je suppose qu'ils vous utilisent dans le but de commettre des méfaits.

– Je ne sais rien de vous ni de cette guerre avec les oiseaux ! insista Ridicula. Je veux juste retrouver Rollo et le sauver avant que les elfes sauvages ne le tuent !

– Vous trouvez que les elfes sont des sauvages ? demanda la voix, étonnée. Après avoir envahi nos terres ?

– Ils nous ont envoyé des flèches empoisonnées, nous ont tendu des pièges et ont tenté de nous tuer à chaque détour ! répondit Ridicula avec indignation. Les considérez-vous comme des êtres civilisés ? Là d'où je viens, il y a des pieuvres plus amicales que les elfes dans le marécage !

– Ils ont peur, murmura la voix, penaude.

– Bah ! fit Ridicula en renâclant, ils n'ont pas peur de nous envahir. Savez-vous que nous avons découvert toute une bande d'elfes dangereux dans nos tunnels, du côté de Crachoutos ? Ils cherchaient un trésor et nous les avons éconduits, ce qui fait au moins une chose de réglée ! Trois d'entre nous sont passés sur vos terres et vous avez envoyé vingt elfes à Crachoutos.

La voix demeura silencieuse pendant un long moment. Enfin, elle demanda :

– Avez-vous tué les elfes que vous avez rencontrés à Crachoutos ?

– Nous avons essayé, mais nous n'avons réussi à en tuer que quelques-uns, marmonna Ridicula.

Puis son expression s'adoucit.

– L'un d'entre eux s'appelait Dellor, il avait les cheveux dorés et les yeux bleus. Je l'ai trouvé gentil et il a sauvé la vie d'un de mes camarades.

– Avez-vous discuté avec eux? dit la voix.

– Je vous ai dit que oui! riposta Ridicula. Maintenant montrez-vous. Ou êtes-vous un de ces lâches qui rôdent dans le bois avec des flèches empoisonnées?

La troll demeura ébahie lorsque la chute s'évapora complètement sous ses yeux et qu'elle se retrouva debout dans une caverne sèche, sans précipice à ses pieds. Pour y croire, elle s'agenouilla sur le sol et toucha la pierre froide. Le rugissement de l'eau avait cessé et elle était dans une caverne poussiéreuse au plafond hérissé. Au fond, une torche diffusait une faible lumière.

De l'ombre de la caverne émergea une mince silhouette vêtue d'une robe blanche. Elle était trop grande pour être une fée et elle n'avait pas d'ailes, mais la créature éthérée paraissait aussi magique qu'une fée. L'étrangère vêtue de blanc s'approcha et Ridicula vit qu'il s'agissait d'une elfe très âgée. En dépit de sa petite taille, elle avait une démarche de reine et Ridicula formula le souhait de pouvoir marcher un jour avec autant de grâce.

La vieille elfe fixa la troll et fronça les sourcils.

– En fait, je suis une elfe qui rôde dans les bois. Mais je ne lance pas de flèches. Moi, je jette des sorts. Je m'appelle Mélinda, et les elfes m'appellent la mère enchanteresse.

– Je ne me soucie ni de vous ni de moi, déclara Ridicula. Je m'inquiète pour Rollo. Vous ne pouvez pas le tuer. Crachoutos a besoin de lui ! Et je pense que Bois-Joli a besoin de lui également.

La mère enchanteresse sourit.

– Et vous, mon enfant ? Avez-vous besoin de Rollo ?

Ridicula inclina la tête, les joues plissées par la réflexion.

– Je croyais être à la hauteur de Rollo et digne d'être la reine de Crachoutos. Et puis j'ai rencontré Dellor. Et même s'il a des cheveux doux et de jolis traits, il me plaît beaucoup.

Mélinda hocha la tête avec sympathie.

– Ah, oui, Dellor. Il est mignon, je te l'accorde. Je trouve mignon aussi d'avoir utilisé le couteau noir pour ranimer Chipie. Alors je dois avoir beaucoup de choses à apprendre moi-même. Tu es en train de grandir.

– Et Rollo ? demanda Ridicula. Je ne me soucie pas de moi, mais il faut sauver Rollo.

La mère enchanteresse se pinça les lèvres et se tordit les mains.

– Toutes les deux, nous jouons avec les désirs des autres, je le crains. Je ne sais que faire. Si Chipie est en vie et qu'elle détient le couteau noir, je crains que Styxus Rex ne soit en vie lui aussi. En t'aidant, je risque de les aider à détruire mon propre peuple.

– Si vous vous élevez contre Styxus Rex, alors nous sommes vos meilleurs alliés ! déclara Ridicula en grognant de joie. Que m'importe qu'il soit mort, vivant ou ressuscité. Si nous n'avons pas notre héros, nous ne pourrons pas vaincre le mage parce que nous ne pourrons pas rallier les citoyens à notre cause. En laissant périr Rollo, vous accordez une grande faveur à Styxus Rex.

– J'aurais préféré ne pas savoir ça, marmonna la mère enchanteresse. Vous êtes intéressante, mais je dois d'abord parler à un de vos alliés.

– Qui est-ce ? demanda Ridicula, en inspectant la caverne minable. Où est le reste de ma bande ?

Mélinda se détourna.

– Je les ai sauvés, sinon ils se seraient fait tuer, murmura-t-elle.

– Que voulez-vous dire ? gronda Ridicula, songeant qu'elle devait ressembler au capitaine Masticor en adoptant ce ton bougon — mais elle ne s'en souciait guère.

– Ne soyez pas fâchée, vous aviez raison au sujet des flèches empoisonnées, dit Mélinda. Quelques-uns de nos guerriers pourchassaient le crapaud géant et ils allaient vous découvrir d'une seconde à l'autre lorsque je suis intervenue. Je vous ai tous endormis, leur permettant ainsi de vous capturer. En échange, ils m'ont donné deux prisonniers.

–Vous avez capturé toute la bande? s'écria Ridicula, aussi surprise que furieuse.

– Non, je vous ai endormis et *ils* vous ont capturés, dit Mélinda avec un soupir. C'était ça ou les laisser vous tendre une embuscade.

– Nous sommes condamnés! hurla Ridicula. Et vous, les joyeux lurons, vous sonnez le glas!

– Tu n'as pas encore échoué, mon enfant. Laisse-moi aller chercher l'autre prisonnier.

L'elfe leva son bras mince et agita un voile transparent devant les yeux de Ridicula en chantant d'une voix douce:

Reste calme et sereine, car si tu le veux, tu seras reine, et si tu le peux, reste tranquille, car bientôt reine tu seras!

Ridicula n'osa plus bouger. Pour une raison ou pour une autre, magie ou instinct, elle choisit de faire confiance à l'elfe. Toutefois, elle était rongée d'inquiétude à l'idée de savoir tous ses amis prisonniers. Comment sauver Rollo?

– Tout ceci ne prendra qu'un instant, dit Mélinda, en marchant à pas feutrés dans l'obscurité.

Pendant son absence, Ridicula examina la caverne poussiéreuse et sèche, cherchant un moyen de s'échapper. Elle la trouva différente des cavernes humides et dégoulinantes de Crachoutos et devina qu'elle était située sur un terrain élevé. Elle aperçut une fissure au sommet du plafond inégal qu'elle n'avait pas remarquée et vit une constellation d'étoiles dans le ciel lointain.

Il fait nuit! pensa-t-elle avec inquiétude. *Nous avons perdu toute une journée. Rollo sera exécuté demain!*

Un croassement tira Ridicula de ses pensées. Elle se retourna et vit la mère enchanteresse marcher d'un pas chancelant, tenant une lourde cage entre ses mains. À l'intérieur de la cage se trouvait un oiseau vert. Kendo contempla la caverne, béat d'admiration.

– Oh, vais-je vivre parmi tant de splendeurs? demanda l'oiseau d'un air stupéfait. Avec tous ces coussins, ces paniers de fruits et ces arêtes de poisson salé? Je dois être au paradis des oiseaux!

– Tu l'es, Kendo, lui dit la mère enchanteresse.

Ridicula devina que l'oiseau voyait une image qu'avait fait apparaître Mélinda, très différente de ce qu'elle avait vu elle-même.

L'elfe enchaîna:

– Tu es tellement dévoué que nous avons voulu te récompenser, ainsi que tous les autres oiseaux. Dis-moi comment faire la paix avec vous.

Le gros oiseau exhiba ses plumes vertes.

– Il faut d'abord que les elfes cessent de nous chasser et de nous manger. C'est un comportement répugnant, à peine moins grossier que celui des ogres et des trolls.

– Je croyais que tu voulais les aider, fit Mélinda d'une voix douce.

Ridicula voulut protester mais, d'un geste, la vieille elfe lui imposa le silence.

– Nous les avons aidés pour vous provoquer, répondit Kendo, et obtenir votre capitulation. Comme je l'ai dit, les elfes doivent devenir végétariens. Si nous choisissons de vivre dans vos maisons, vous devez accepter notre présence. Les oiseaux doivent être des citoyens à parts égales, libres de se percher où ils le désirent !

– Je suis d'accord, répliqua la mère enchanteresse. Nous pouvons accéder à ces demandes. Mais tes amis ? Aider quelques trolls et des ogres, ce n'est pas dangereux, mais Styxus Rex et Chipie ne sont pas des êtres inoffensifs. Ils sont dangereux.

Kendo s'esclaffa.

– Chipie est devenue supportable. Quant au sorcier, il nous a unis. Je ne crois pas que Styxus Rex nous veuille du mal.

– Quitterait-il Bois-Joli si vous le lui demandiez ? dit Mélinda.

– Oh, oui, répondit Kendo avec suffisance. Nous sommes assez proches.

L'elfe jeta un coup d'œil à Ridicula et lui fit un léger signe de la tête.

– Où se trouve Styxus Rex ?

– Je ne sais pas, croassa l'oiseau. Pourquoi parlons-nous autant de lui ? Donnez-moi des graines de tournesol !

Kendo tentait d'atteindre les graines, mais il se heurtait aux barreaux de la cage. Il gloussa en constatant qu'il était emprisonné. La mère enchanteresse titubait, comme si elle manquait de forces. Ridicula se dégourdit et attrapa la vieille elfe avant qu'elle ne s'effondre sur le sol de la caverne.

L'oiseau abreuva Ridicula d'injures, mais la troll l'ignora en déposant Mélinda sur la terre. Puis elle se retourna vers Kendo.

– As-tu déjà vu un troll manger un oiseau ? Nous ne les faisons pas rôtir comme le font les elfes, nous utilisons simplement notre museau pour…

– Laisse tomber ! l'interrompit le perroquet. Qu'attends-tu de moi ? Que veux-tu que je te donne pour me laisser partir ?

– Mes camarades, répondit-elle. Et Rollo.

Tout en parlant à Kendo, Ridicula lançait des regards inquiets à la mère enchanteresse.

Celle-ci était inconsciente, elle respirait à peine. Elle semblait être en transe… ou en train de mourir.

– Écoute-moi, l'oiseau, dit Ridicula en se redressant. La mère enchanteresse a dit vrai. Styxus Rex n'est pas quelqu'un à qui on peut faire confiance. Lorsqu'il s'installera à Bois-Joli, il en fera un dépotoir et vous deviendrez ses esclaves. Ses troupes camperont ici. Et rappelle-toi qu'un ogre peut manger plus d'oiseaux en un seul repas qu'un elfe au cours de toute une vie.

L'oiseau déglutit et se couvrit la tête de son aile.

– J'implore ton pardon. Comment puis-je me racheter ?

– Sais-tu comment sortir d'ici ? demanda Ridicula.

– Oui. Libère-moi et je te conduirai à la sortie la plus proche.

L'oiseau fixa la crevasse au-dessus d'eux.

– Non, merci, répondit Ridicula en ramassant la cage. Nous sortirons ensemble. Tu dois gagner ma confiance.

La grosse troll avança d'un pas lourd dans l'ombre, portant la cage. Elle aperçut des empreintes de pieds sur le gravier et les suivit jusqu'à une étroite crevasse. D'un air résolu, elle rentra le ventre pour passer à travers la fissure et y enfoncer la cage. L'oiseau croassa et se plaignit, mais elle lui décocha un regard furieux.

Le vent frais de la nuit frappa son visage. Elle avait marché jusqu'à une saillie marquant le flanc d'un des rochers qui parsemaient Bois-Joli. S'il y avait un autre moyen de descendre qu'en sautant, elle ne put le voir. Même si elle avait perdu les heures du jour, elle fut rassurée de voir l'obscurité et les étoiles brillantes. Ridicula passerait inaperçue ; la nuit jouerait en sa faveur. La lumière du jour lui semblait toujours si louche.

– Que vas-tu faire ? lança Kendo d'un ton arrogant.

Ridicula lui jeta un regard furibond.

– Es-tu certain que Styxus Rex est vivant ? L'as-tu vu ?

– Je l'ai vu comme je te vois, fit l'oiseau. Il n'est pas très joli à voir, mais il est aussi réel qu'un chagrin d'amour.

– Que sais-tu des chagrins d'amour ? demanda Ridicula avec méfiance.

– J'en connais long, répondit le perroquet. J'ai été ensorcelé quand je suis tombé amoureux d'une aigrette blanche, alors que j'étais une fée. Le conseil m'a transformé en perroquet et l'aigrette n'a plus voulu de moi ! Après une telle tragédie, qui ne saurait pas ce qu'est le mal d'amour ?

Ridicula fronça les sourcils en fixant l'oiseau vert, mais elle n'arrivait pas à éprouver la moindre sympathie pour lui. Elle glissa sa main dans la cage, le saisit par les pattes, le sortit et le lança vers les étoiles.

– Très bien, alors vole, ordonna-t-elle. Faisnous descendre d'ici.

– Es-tu folle? s'écria l'oiseau.

Pour lui prouver sa bonne foi, la troll s'élança de la corniche en direction des arbres. Le gros perroquet poussa un cri strident et agita furieusement ses ailes, ce qui eut pour effet de ralentir leur chute. Mais plus important, l'oiseau les fit se faufiler entre les branches jusqu'à ce qu'ils aient atteint les fourrés. La troll et l'oiseau atterrirent sur un tas de lianes enchevêtrées.

Ridicula serra le perroquet contre sa poitrine pendant qu'il lui donnait des coups de bec en tentant de fuir. Mais grâce à toutes ses aventures dans le tunnel, Ridicula était devenue très habile. D'un geste rapide, elle sortit une corde de son sac, la noua autour des pattes de l'oiseau, enroulant le reste de la corde autour de ses ailes afin qu'il ne puisse s'envoler. Ficelé comme une limace, Kendo fut ainsi transporté sur son dos. Ridicula était du même avis que la mère enchanteresse: c'était un oiseau des plus précieux.

– Vous les trolls, vous êtes pires que les elfes ! se lamenta Kendo, gigotant en vain.

– Silence, lui dit-elle. Ton sort est lié au mien. Les elfes et les fées nous considèrent tous les deux comme des ennemis et je parie qu'ils seraient enchantés de mettre la main sur toi. C'est simple, tu n'as qu'à me dire comment se rendre à Vallée-Chérie où se trouve Rollo et je te libérerai. C'est tout ce que je demande. C'est ce que j'ai demandé à tout le monde au cours de cette quête.

Le perroquet hocha humblement la tête.

– Va près de ce grand palmier. Tu y trouveras un sentier. Je vais t'y conduire, mais tu ferais mieux de tenir parole, sinon un million d'oiseaux te pourchasseront.

– Conduis-moi à Rollo, grommela la troll, les yeux injectés de sang.

C'est un rendez-vous pour décrocher la couronne, pensa-t-elle.

Mais pour une raison qu'elle ne parvenait pas à saisir, cette couronne ne lui semblait plus aussi importante.

CHAPITRE TREIZE

LES TRAVAUX DE MENUISERIE

La lumière de l'aurore se glissa furtivement sur la place centrale de Vallée-Chérie et vint se poser sur les yeux du troll crasseux enchaîné au pilori. La fourrure de Rollo était maculée d'œufs pourris et de légumes, et ses épaules étaient couvertes de bosses, tout comme son dos. Il ouvrit ses paupières encore lourdes de sommeil et cligna des yeux. Quelques jours auparavant, il aimait encore la lumière du soleil. À présent, elle lui rappelait que sa fin était proche.

Cette nuit, quand la lune va se lever, je vais périr, songea-t-il avec tristesse. Il vit les ballots de paille que les elfes avaient empilés derrière lui. *Ils vont servir à arrêter les flèches durant l'exercice de tir. Et la cible, ce sera moi,* pensa-t-il, misérable.

Rollo regarda autour de lui et ne vit qu'une poignée de gardiens dans la lueur matinale, mais d'autres, à l'abri dans leurs huttes, le surveillaient sans doute. Depuis qu'il avait raté son évasion et qu'on l'avait mis au pilori, il avait perdu espoir. Les elfes se relayaient pour lui lancer des injures et des pierres, ne le laissant pas en paix un seul instant. Les gardiens l'observaient avec méfiance en traversant la place, leurs arcs armés de flèches. Les archers scrutaient le ciel, cherchant des oiseaux ou les ogres volants de Crachoutos.

Soudain, Rollo entendit grogner un ogre en colère ! Il ne pouvait se tromper, il avait entendu ces grognements des douzaines de fois. Ça ressemblait au capitaine Masticor. Le troll et les elfes se mirent à observer la cime des arbres, s'attendant à voir apparaître dans le ciel un ogre en colère. Au lieu de ça, ils virent un grand nombre d'elfes déferler sur la place, traînant un filet dans lequel se trouvait un ogre. Rollo eut un pincement au cœur en apercevant ce paquet de fourrure et de défenses brillantes qu'il reconnut immédiatement. C'était bien le capitaine Masticor !

D'autres elfes épuisés pénétraient dans le village, tirant des trolls et des ogres, tous emprisonnés dans des filets et des cordes. *Mon équipe de secours*, pensa Rollo avec tristesse. *Ils ont tous été capturés.*

En apercevant Rollo au pilori, le capitaine se calma. Lui et les autres prisonniers furent traînés au milieu de la place. Rollo crut voir un petit être se débattre dans les filets, et il fut indigné à l'idée qu'ils avaient également capturé un gnome. Comment ces braves avaient-ils réussi à traverser le Gouffre ?

– Laissez-les partir ! cria Rollo à ses ravisseurs. Ils n'ont rien fait de mal. C'est à moi de me battre !

Parmi la bande d'elfes, celui qui avait une barbe rousse marcha vers Rollo.

– Nous sommes en guerre contre vous tous ! cria le prince Rouxel. Nous punirons tous ceux qui envahissent nos terres pour nous attaquer.

– Hé, grand niais, intervint une voix rauque que Rollo reconnut comme étant celle de sa sœur Pouillane. Et les elfes qui envahissent Crachoutos ? Que devrions-nous faire d'eux, hein ?

Le prince Rouxel pivota sur lui-même et fit face à la prisonnière. Il allait dire quelque chose de vilain, mais il se retint. C'était la première fois que Rollo entendait dire que des elfes avaient atteint Crachoutos. Il ne comprenait plus rien.

– Nous ne sommes pas des barbares, dit le prince Rouxel, un sourire amical aux lèvres. Rollo est le seul que nous punirons. Vous allez assister à son châtiment et vous retournerez à Crachoutos afin de raconter ce que vous avez vu. Je veux que vous sachiez, vilaines créatures, que nous ne voulons pas de vous ici. Il n'est plus question de brûler la forêt, de détruire les villages et de ranimer des fées mortes.

– Comment allez-vous nous ramener à Crachoutos ? lança Pouillane.

Rollo reconnut l'ironie de sa sœur et s'étonna de constater à quel point elle lui avait manqué.

Le prince Rouxel bomba le torse fièrement.

– Nous construisons une catapulte géante. Et selon nos experts, nous pourrons envoyer des poids lourds de l'autre côté du Gouffre.

– Vous vous préparez à nous envahir, n'est-ce pas ? demanda le capitaine Masticor.

L'elfe aux cheveux roux renâcla de dédain et se tourna vers ses soldats.

– Veillez à ce que les prisonniers aient de l'eau… et un peu de nourriture. Et dites aux travailleurs d'achever la catapulte.

– Rollo ! hurla Pouillane. Est-ce que ça va ? Que t'ont-ils fait ?

– Pas mal de choses comme tu peux le voir, répondit le gros troll en secouant les épaules. Ils me gardent prisonnier depuis une semaine. Ils m'ont bien traité au début, jusqu'à ce que je ressuscite Chipie et qu'elle s'envole avec le couteau.

– Nous avons vu Chipie ! cria Pouillane. Elle nous a aidés à venir ici.

Tous les yeux étaient rivés sur la troll. Le prince Rouxel marcha vers Pouillane et lui demanda de dire ce qu'elle savait à propos de Chipie.

– Où l'as-tu vue ?

– Libérez-nous, répliqua-t-elle, et je vous dirai tout au sujet de la fée.

– Bah ! fit l'elfe, si elle vous a aidés, nous savons de quel côté elle est. Et ce n'est pas du nôtre.

– Alors ne nous libérez pas, lança le capitaine Masticor. Tuez-nous, mais laissez-nous nous défendre.

– Hé ! parle pour toi-même ! s'exclama Bedono.

Le petit troll implora le prince Rouxel du regard.

– Nous ne voulons pas mourir, poursuivit-il, ni même être ici. Montrez-vous indulgent et je vous dirai tout à propos de Chipie. Et je retournerai à Crachoutos !

Rollo se demanda si le petit troll était sérieux. Bedono avait toujours été lâche, mais le fait qu'il ait pu se rendre jusqu'à Bois-Joli témoignait de son courage. Bedono devait préparer quelque chose.

Le prince Rouxel fit un pas vers le prisonnier qui gigotait malgré les regards de reproche de ses camarades. Roulé en boule dans la poussière, les mains et les pieds ligotés, le troll tout dépenaillé ne semblait pas très dangereux.

– Détachez-le, ordonna le prince.

Rollo ne dit rien, encore sous le choc de voir sa sœur et ses amis dans le pétrin comme lui. Il ne pouvait pas en vouloir à Bedono d'essayer de s'en tirer, mais les autres trolls et les ogres étaient manifestement en colère contre lui.

Pendant que les elfes le détachaient, Bedono demanda :

– Qu'avez-vous fait à l'autre membre de notre équipe ? La troll Ridicula.

Rollo dressa l'oreille. *Ridicula était avec eux ? Pourquoi ?*

– Avez-vous fait du mal à Ridicula ? hurla-t-il. Si vous avez fait ça, je… je vous pourchasserai jusqu'au fond du marécage. Je réduirai vos os en purée ! J'arracherai les poils de votre nez un par un !

– Calme-toi, répondit le prince Rouxel d'un air amusé. Je ne crois pas que tu nous réduiras en purée et ce que nous faisons à nos prisonniers ne te regarde pas. Elle est en sécurité… comme vous tous.

Libéré de ses liens, Bedono se redressa en chancelant. Il massa ses poignets et ses chevilles, là où les cordes s'étaient enfoncées, puis il regarda Rollo et lui fit un clin d'œil. Attaché au pilori, le pauvre troll tentait de garder son calme, mais c'était difficile. Par sa faute, sa sœur et ses amis étaient en danger, même la vie de Ridicula était en péril, tout ça à cause de son égoïsme. *Si je n'étais pas revenu à Bois-Joli, nous serions tous en sécurité et heureux à Crachoutos.*

Le prince Rouxel toisa Bedono.

– Très bien, alors raconte-moi ce que tu sais de la fée.

– Eh bien, elle mesure environ vingt centimètres de haut, elle est vêtue de blanc, et possède des ailes merveilleuses...

– Je sais tout ça ! coupa l'elfe. Dis-moi à son sujet des choses que je ne sais pas.

Les traits de Bedono se plissèrent et il demeura pensif pendant un moment.

– Je sais qu'elle nous a suivis jusqu'ici, je la vois en train de nous observer.

– Où ça ? demanda l'elfe d'un air effarouché, tandis qu'il se plaçait en position de combat, à l'instar de ses compagnons.

– Là !

Bedono désigna les arbres derrière Rollo, et tous les elfes levèrent leurs arcs et les pointèrent dans cette direction. Comme sa tête était coincée, Rollo ne put suivre leur regard ; il était le seul à garder les yeux sur Bedono. Soudain il vit le petit troll s'élever du sol. Il volait !

Bedono ne volait pas vite, mais il lui était facile de s'échapper alors que personne ne le regardait. Avant même que les elfes ne se retournent, il avait disparu dans les arbres. Rollo rit si fort que des larmes lui montèrent aux yeux.

– Où est-il passé ? tonna le prince Rouxel. Où est ce troll puant ?

Comme personne ne répondait, le chef des elfes se tourna vers Rollo, qui riait encore.

– C'est toi ! C'est toi qui as fait ça !

– Moi ? fit le troll, étonné. Je ne peux même pas me gratter le museau.

– Et vous ? demanda Rouxel en dévisageant les autres prisonniers entortillés dans leurs liens et dans les filets.

Ils se calmèrent aussitôt, mais Rollo entendit Pouillane hennir.

L'elfe roux fit un geste vers ses soldats.

– Dispersez-vous ! Trouvez-le !

Les elfes obéirent, se mirent à courir vers la forêt.

– Attendez ! dit Rouxel. Ceux qui habitent à Vallée-Chérie, restez ici et surveillez les prisonniers. Si l'un d'entre eux réussit à s'échapper, vous subirez le même sort que le troll.

Troublés par la soudaine disparition de Bedono, les elfes murmuraient entre eux en se dispersant.

Ils se disent que c'est le prince lui-même qui a donné l'ordre de le détacher, pensa Rollo. Il se demanda encore ce qu'ils avaient fait de Ridicula.

– Prince Rouxel ! appela Rollo. Dans ce beau pays, un troll condamné a-t-il droit à une ultime demande ?

L'elfe triturait sa barbe rousse et pointue.

– Je ne sais pas, répondit-il. Si ma mémoire est bonne, il y a longtemps que nous n'avons pas condamné de troll. Il faut que ce soit un souhait facile à réaliser et pas question de te libérer.

Rollo reprit la parole et sa voix craqua sous l'émotion.

– Je veux revoir Ridicula. Nous sommes fiancés.

– Les trolls se marient ? demanda l'elfe, en secouant la tête d'un air étonné. Nous n'avons pas beaucoup de temps, mais je vais voir si c'est possible.

Il fit signe à deux de ses soldats d'approcher et leur chuchota des ordres. Tous s'élancèrent dans la forêt tandis que Rollo, rivé au pilori, sentait ses membres devenir de plus en plus lourds. Mais ils n'étaient pas aussi lourds que son cœur.

– Hé ! frérot ! cria Pouillane.

Rollo releva la tête.

– Oui, petite sœur ?

– Veux-tu vraiment fonder un foyer avec Ridicula ?

Le museau de Pouillane se plissait quand elle parlait.

– Oui, râla-t-il. De tout mon cœur !

Le prince Rouxel se mit à rire.

– C'est dommage, troll, tu vas plutôt servir de cible à mes archers.

Il se tourna vers les elfes. Ceux-ci, épuisés d'avoir transporté les lourds envahisseurs jusqu'à Vallée-Chérie, scrutaient le ciel et la forêt avec nervosité. Ils n'avaient pas l'habitude de voir des trolls qui se volatilisaient et des ogres qui volaient.

***

Pendant ce temps, Bedono volait, espérant pénétrer le plus loin possible dans la forêt. Mais il n'était pas un oiseau. Il heurtait des rameaux, s'empêtrait dans les lianes, et une branche vint lui fouetter le visage. Le troll courtaud s'écrasa sur un tapis de verdure, en faisant « boum ». Il se redressa aussitôt, balaya les feuilles et se mit à courir. Bedono était doué pour fuir les problèmes.

Il comptait sur le fait que ses amis ne lui tiennent pas rigueur de s'être échappé. Il espérait encore trouver un moyen de les sauver, même si la situation semblait désespérée.

Le troll courut sans se retourner, fixant le sol pour ne pas trébucher. Les branches lui lacéraient le visage, et les lianes ralentissaient sa course, comme pour l'attraper. Les yeux rivés au sol, il courut jusqu'à ce qu'une branche poilue surgisse d'entre les arbres et lui fauche les jambes. Bedono roula cul par-dessus tête et atterrit sur le dos, expirant l'air de ses poumons. Il inspira profondément et une grosse chose poilue atterrit sur lui.

– Chut ! siffla une voix.

– Ah, gargouilla-t-il d'une voix étranglée.

– Chut !

Comme la frayeur tenait ses yeux bien fermés, il ne put voir son adversaire immédiatement. La créature attrapa sa jambe et la tira brusquement, puis ils tombèrent tous les deux dans un trou et Bedono sentit son corps s'enfoncer dans la boue. C'était une sensation réconfortante ; il entrouvrit les yeux.

Ridicula, le doigt posé sur ses lèvres bleuies, lui faisait signe de se taire. Puis elle ramena un tas de feuilles sèches sur leurs têtes pour camoufler le trou. Un instant plus tard, le troll comprit pourquoi il fallait se taire, car il entendit plusieurs elfes grommeler en cherchant où ils étaient cachés. Les deux trolls ne bougèrent pas jusqu'à ce qu'une perruche se mette à crier, perchée haut dans les arbres.

– Tu as bien fait de t'enfuir, dit Ridicula en souriant. Et c'est vrai que tu peux voler.

– C'est ce que je t'avais dit, répondit fièrement Bedono. Quand j'ai peur, je vole aussi vite qu'une libellule.

Il cligna des yeux et demanda :

– Est-ce que tu nous surveillais ?

Ridicula approuva de la tête.

– Je venais de monter dans un arbre pour mieux voir le village quand ils vous ont emmenés. Kendo et moi étions en train de vous observer. Est-ce que Rollo va bien ?

– Ça ne va pas bien pour les gens de Crachoutos dans cet endroit de fous, répliqua Bedono. Est-ce que Kendo est avec toi ?

La troll roula des yeux et hocha la tête. Le perroquet vert s'approchait, voletant de branche en branche.

– Ai-je bien rempli ma part du marché ? lança l'oiseau d'un air hautain.

– Oui, fit Ridicula. Tu m'as conduite près de Rollo. Tu es libre de partir, mais ne t'approche pas de Styxus Rex et de Chipie. Ils ne veulent pas vous aider, ils n'aident qu'eux-mêmes. S'ils prennent Bois-Joli, ce ne sera plus un bel endroit.

L'oiseau hocha pensivement la tête.

– Peut-être as-tu raison. La guerre nous remplit de fierté, mais elle apporte également la misère. Nos nids et nos œufs ont été détruits et nous n'avons plus le temps ni de jouer ni de chanter. Mais, vous, qu'allez-vous faire ? Comment allez-vous sauver vos amis ?

Ridicula secoua ses grosses épaules.

– Je ne sais pas. Nous sommes deux trolls contre des centaines d'elfes ayant des centaines de flèches empoisonnées.

– Hum, fit l'oiseau en redressant la tête, je crois savoir quelque chose qui vous aiderait. Suivez-moi en restant baissés. Je vous préviendrai s'il y a du danger.

Sur ces paroles, l'oiseau prit son envol et leur fit signe du bout de son aile.

Ridicula et Bedono rampèrent hors de la mare et suivirent l'oiseau vert.

– Où allons-nous ? chuchota Bedono.

– Je ne sais pas, avoua Ridicula. Mais je tente n'importe quoi qui puisse nous venir en aide.

Prudemment, ils avançaient en surveillant la forêt, évitant les bandes d'elfes qu'ils entendaient grommeler. Ridicula constata que son petit copain n'avait pas l'air de s'amuser. En plus de nourrir l'angoisse de tout un peuple, cette guerre faisait beaucoup de victimes. Pourtant, les habitants de Crachoutos ne désiraient qu'une chose : retrouver leur vie d'antan… celle qu'ils avaient connue avant que Styxus Rex ne referme ses griffes glacées sur les terres situées au-delà du Gouffre.

Vers midi, Ridicula et Bedono aperçurent une route, cette chose qu'ils n'avaient vue que rarement au cours de leur existence. C'était une route large et marquée d'empreintes de roues, comme celles qui conduisaient à Moisis-les-Prés et à la rivière Glacia. Ils longèrent la route, se tapissant sous les branches touffues des arbres.

Avec précaution, Kendo les conduisit à une large clairière où on pouvait voir des granges, des tas de bois, des rouleaux de câbles, des outils disposés en rang et des tas de pierres. Il y avait aussi des ballots de foin bien alignés et un corral vide. Au milieu du camp, ils virent un appareil monstrueux fait de câbles et de bois, muni de leviers et de roues et d'une grosse cuillère au centre. Des câbles épais saillaient sur les poutres comme les muscles de Rollo sous sa peau. L'incroyable appareil surplombait les granges comme une cigogne géante ou une massue. Bedono examina le corral vide en soupirant.

– Il y avait des poneys ici.

– Ils sont partis, dit Ridicula, marchant en direction du monstre en bois. Ces elfes savent faire des nœuds et des traverses ainsi que des entailles. Comment s'appelle ce truc, Kendo ?

– C'est une catapulte, répondit l'oiseau, juché sur le bout de la cuillère. Je crois qu'il faut tourner cette roue et tordre les câbles jusqu'à ce qu'il y ait assez de tension pour faire monter la cuillère. Je les ai vus lancer des pierres et même un sac de sable au loin.

– Oui ! s'exclama Bedono. Le lutin à la barbe rousse nous a parlé d'une catapulte géante. Il disait qu'il pouvait nous envoyer de l'autre côté du Gouffre avec ça. Qu'est-ce que tu en dis, Ridicula?

Elle se tourna vers le perroquet qui se lissait les plumes.

– Les elfes ont-ils quitté cet endroit?

– Ils ne sont pas restés longtemps, fit Kendo. Ça remonte à la capture de Rollo.

– Il y a beaucoup de foin, dit Bedono, affamé. Au moins, nous allons pouvoir manger.

– Nous ferons plus que ça, enchaîna Ridicula en fouillant les alentours du camp.

Elle repéra un pichet de céramique rempli de goudron à l'odeur nauséabonde. Ou du moins ça ressemblait à du goudron, même si la mixture semblait plus épicée que celle du marécage.

– Qu'est-ce que c'est? demanda-t-elle.

– De la poix, répondit le perroquet. Ils s'en servent pour sceller les poutres. Fais attention, parce que ça brûle!

La jeune troll sourit, découvrant ses crocs impressionnants.

– Ça brûle, hein? Kendo il faut que tu ailles chercher de grands oiseaux capables de nous aider. Les condors du canyon feront l'affaire. Bedono et moi, nous allons étudier cette machine et l'essayer. Ça ne doit pas être difficile pour un troll de percer ce mystère.

– Ce levier relâche le bras et lance les pierres, remarqua Bedono en désignant une tige qui tirait une corde fixée à un crochet coulissant. Je crois qu'on peut ajuster le tir selon le poids de la charge et la tension des câbles.

Avec un sourire, Ridicula caressa le dos de Bedono.

– Eh bien, il semble que tu as retenu les leçons de maître Kronck dans la construction des ponts.

– Pas toi, railla Bedono. Tu étais plus préoccupée par le poil de tes aisselles.

– Mais je me suis toujours entourée d'amis aussi brillants que toi !

Ridicula caressa affectueusement la tête noueuse du troll puis elle se tourna vers le perroquet, toujours perché sur la cuillère.

– Vite, Kendo, nous n'avons que peu de temps avant la nuit. Apporte aussi des chiffons, quelque chose qui puisse brûler.

L'oiseau ricanait. Il trouvait tout cela très amusant !

CHAPITRE QUATORZE

LE BAISER DE LA LUNE

Attaché au pilori, Rollo se tortillait dans tous les sens. Il voyait poindre la lune au-dessus des arbres, enveloppée d'une écharpe blanche et spectrale. Il n'était pas le seul à la voir ; tous les elfes s'arrêtaient en chemin et contemplaient l'apparition. Puis ils regardaient Rollo en éprouvant apparemment soit un léger malaise, soit un vague sentiment de culpabilité ou un peu d'angoisse, le troll n'aurait su le dire.

Masticor, Pouillane et les autres membres de son équipe de sauvetage étaient étendus sur le sol, pieds et poings liés, incapables de faire autre chose que de se tortiller et de rugir. Quand ils devenaient trop bruyants, les archers les menaçaient de leurs flèches empoisonnées et ils se calmaient immédiatement. Les torches vacillaient aux quatre coins du village ; tous les elfes étaient sortis de leurs huttes et regardaient le troll avec fébrilité.

Rollo frissonna à la vue de la lune. Le prince Rouxel remarqua son émoi et se mit à rire.

– Tu as le temps, stupide troll, parce que nous ne commencerons pas avant de voir le cœur de la lune. J'ai attendu une réponse au sujet de ta fiancée, afin de voir si nous pouvons la faire venir ici. Pas de réponse. Je m'efforce d'être un hôte agréable. Toutefois les temps sont durs. Nous attendons un coup de baguette magique, mais ne compte pas trop là-dessus.

Le prince se tourna vers les villageois et s'inclina.

– Elfes de Vallée-Chérie, merci d'être venus au concours de tir à l'arc. Pour la première fois, un troll servira de cible. Plusieurs d'entre vous étaient sous mes ordres lorsque nous avons trouvé ce prisonnier, un troll du nom de Rollo, coupable de crimes contre nos citoyens. Il a pénétré dans Bois-Joli pas seulement une fois, mais à deux reprises, et il a brûlé nos forêts en plus d'inciter les oiseaux à nous faire la guerre.

L'elfe renifla et se dirigea vers les ogres, le troll et le gnome, tous entassés les uns sur les autres.

– Comme vous pouvez le voir, poursuivit Rouxel, il a invité d'autres vilains à envahir notre royaume. Mais nous sommes indulgents et nous ne punirons que le récidiviste. Rollo ne nous embêtera pas trois fois de suite.

– Et les elfes qui ont envahi Crachoutos! cria Pouillane.

Rollo ne pouvait que cligner des yeux devant sa sœur, car il ne savait rien de ce qui s'était passé. Et elle en parlait pour la deuxième fois.

– Veuillez cesser de répéter ça ! répliqua l'elfe roux. Je ne veux pas vous transformer en pelote d'épingles, mais si vous persistez à mentir, c'est ce qui vous arrivera.

– Tiens-toi tranquille, Pouillane, clama Rollo d'une voix rauque. Je suis prêt à partir si cela peut ramener la paix et vous sauver la vie.

– Non ! crièrent les ogres. Relâchez-le ! Ce n'est pas juste !

Rollo entendit leurs supplications, mais les elfes les ignorèrent et continuèrent à se préparer. Le troll condamné contempla la lune, et les voix de ses amis s'estompèrent. L'astre laiteux s'élevait au-dessus des arbres et Rollo tenta de redresser la tête pour que la lune lui semble plus basse. Il n'y avait aucune façon d'empêcher la lune de s'élever.

Le prince Rouxel se pavanait devant ses admirateurs, qui se réjouissaient à l'idée de voir l'aboutissement du procès.

– En primeur ce soir, annonça-t-il, vous verrez les meilleurs archers de Vallée-Chérie et du comté viser une cible des plus inusitées, située à une distance de cent mètres.

Des applaudissements fiévreux s'élevèrent et, le visage rayonnant, le prince poursuivit son discours :

– J'ai invité les champions de ma garde royale. Ils ont remporté deux fois la compétition qui a lieu une fois l'an à Bois-Joli.

La foule répondit par des applaudissements polis. Rollo commença à s'agiter dans ses liens. Ses muscles se crispaient sous la douleur, et les cordes s'enfonçaient dans sa fourrure, ce qui augmentait ses souffrances.

– Permettez-moi de vous présenter les archers ! claironna le prince Rouxel.

Il marcha à grandes enjambées vers une rangée d'elfes. Chacun tenait un arc. Les elfes étaient petits et musclés et avaient tous un regard perçant empreint de confiance.

Quelle partie de mon corps vont-ils viser ? se demanda Rollo. *Est-ce que je vais demeurer coincé ici ?*

– Désagré de Belle-Vallée ! dit le prince, en tapant sur l'épaule du plus costaud. Pom de Fiefdom ! Et les sœurs Chacal !

L'elfe présenta plusieurs autres archers, impatients de percer la peau de Rollo. Ils étaient nombreux et le concours serait bref, du moins pour Rollo.

Le troll se sentit étourdi jusqu'à ce qu'il entende un tonnerre d'applaudissements. Il releva la tête. Un elfe se tenait à une certaine distance. Rollo essaya de protéger son corps derrière les poteaux du pilori, mais sa tête et ses membres demeuraient bien en place. Le silence se fit dans la foule qui avait les yeux rivés sur la scène.

– Le baiser de la lune, chuchotèrent des voix.

Rollo parvint à lever la tête suffisamment pour voir la pleine lune se frotter contre une étoile brillante. Les deux corps célestes semblaient pénétrer l'un dans l'autre et Rollo comprit que c'était la dernière chose qu'il verrait de son vivant.

Il entendit le sifflement aigu d'une flèche qui filait vers lui dans l'obscurité. Le prisonnier retint son souffle et sentit que la flèche se fichait dans quelque chose de dur. *Du bois!* conclut Rollo avec soulagement, car il ne pouvait être plus malheureux.

La foule soupira et l'archer murmura quelque chose. Un autre lui succéda rapidement et la foule se tut une autre fois. Avant même que le deuxième archer ne lance sa flèche, un « toc » brisa le silence et un bruissement agita la jungle sombre, d'où jaillit une lumière éblouissante qui s'éleva dans le ciel. Les elfes hurlèrent en voyant une boule de feu atterrir sur une hutte du village et la transformer en torche.

Soudain une forme noire s'éleva en flottant au-dessus de la fumée, semblable à une chauve-souris géante. La voix aiguë qui s'échappa de l'apparition leur sembla curieusement familière.

– Je suis Styxus Rex! siffla la noire silhouette en flottant dans les airs. Stupides elfes! Détachez tous mes sujets immédiatement ou je rase ce village. Immédiatement, m'entendez-vous?

Au lieu d'obéir, les elfes l'arrosèrent de flèches et le Styxus Rex miniature prit de l'altitude rapidement. Une autre boule de feu stria le ciel. Ses effets ne ressemblaient pas à ceux que produisaient habituellement les tirs erratiques du sorcier: ils étaient plus gracieux, et leurs jets de feu formaient un arc-en-ciel. Une autre hutte s'enflamma, grésillant comme une boule de papier qu'on brûle. Cette seconde torche incita le reste des spectateurs à chercher un abri. Quant aux archers, ils ne savaient plus sur quelle cible tirer. C'était le chaos à Vallée-Chérie!

À travers les lueurs incandescentes, une silhouette grandeur nature se précipita sur Rollo. L'apparition s'accroupit derrière lui et lui tendit un marteau tandis qu'elle se servait de cisailles pour couper les chaînes qui maintenaient le pilori en place.

– T'ai-je manqué ? chuchota une douce voix. Je t'en veux encore d'avoir pris la fuite.

– Ridicula !

Rollo faillit pleurer de joie. Elle était en vie et à côté de lui !

Le faux Styxus Rex lança un coassement aux elfes qui hurlèrent de panique pendant qu'une troisième boule de feu s'élevait gracieusement de la forêt. Elle s'écrasa sur le toit d'un pavillon, les arrosant de débris enflammés.

– Les chaînes sont brisées, chuchota Ridicula. Fonce vers le Gouffre. C'est par là, dit l'incroyable troll en pointant du doigt la fumée.

– Je ne partirai plus, répétait Rollo. Plus jamais.

Avec un sourire, Ridicula souleva le madrier du dessus, et il put enfin lever les bras et sortir son cou du pilori. Une douleur lancinante parcourait les muscles de Rollo tandis que son amie détachait la chaîne enroulée autour de ses chevilles. En tentant de retrouver son équilibre et ses forces, il chancelait sur la plate-forme.

– Comment as-tu réussi à faire tout ça ? demanda-t-il d'une voix rauque en désignant les huttes en feu.

– Grâce à une catapulte conduite par Bedono et une nuée d'oiseaux. Tu n'as pas l'air très solide. Attends-moi ici un instant.

Ridicula posa un baiser sur sa joue et disparut dans le chaos provoqué par l'incendie.

Avec un soupir de joie, Rollo s'appuya sur un poteau. Il tentait de se faire plus petit, pour éviter les flèches des elfes qui tiraient à travers les tisons volant au-dessus des flammes. Rollo se fit bousculer par quelqu'un dans la foule. Il se retourna et vit un elfe à barbe rousse.

Les yeux du prince Rouxel devinrent aussi gros que les boutons de sa veste. Il tira une épée et cria :

– Je vais t'embrocher moi-même !

Bang ! Un marteau atterrit sur sa tête et l'elfe s'écroula comme un petit tas de guenilles vertes. Ridicula contempla l'elfe et dit en gloussant :

– Celui-là, il est énervant !

– Oui, il l'est, répondit Rollo d'une voix faible. Et nos camarades ?

– Je leur ai donné des couteaux, ils défont leurs liens. Allons-y !

L'héroïne de Rollo le prit par le bras et le poussa dans la fumée. Une autre boule de feu siffla dans l'air et tomba sur Vallée-Chérie en faisant jaillir des étincelles et fuir les citoyens.

Rollo nageait dans la confusion la plus totale tandis qu'ils se précipitaient, lui et Ridicula, entre les huttes et les pavillons en flammes. Les trolls assommaient les elfes sur leur passage. Les villageois, en proie à la panique, empêchaient les archers de tirer en ne cessant de bloquer leur champ de vision.

Les deux trolls bondirent dans les fourrés. Rollo suivait aveuglément sa championne. Ils entendirent d'autres craquements derrière eux — certains provenaient de leurs amis, mais la plupart étaient des elfes qui les talonnaient.

Le baiser de la lune brillait autant que le soleil et Rollo constata qu'ils suivaient un sentier.

– Où vas-tu ? demanda-t-il à sa merveilleuse amie.

– Au Gouffre, répondit-elle, hors d'haleine et épuisée.

– Et après ?

– Je ne sais pas, admit Ridicula. Nous sommes plus loin que je n'osais l'espérer.

– Attendez ! grogna une voix.

Ils se retournèrent pour voir Masticor, Pouillane, Verna accompagnés d'un gnome et d'un ogre que Rollo ne connaissait pas.

Ils s'enlacèrent les uns les autres en se saluant chaleureusement par-dessus le vacarme, mais ce n'était pas le lieu idéal pour fêter leurs retrouvailles. Des flèches sifflaient encore à travers les feuilles, les frôlant de près.

– Continuez d'avancer ! ordonna Ridicula. Bedono nous rejoindra un peu plus loin.

– Non ! cria une petite voix. Je suis là !

Le troll courtaud descendit du ciel, roula sur le sol et échoua contre le tronc d'un arbre. D'un air étourdi, il regarda Rollo et lui demanda :

– Comment fait-on pour atterrir ?

– Je te le dirai dès que je le saurai moi-même, dit le gros troll avec un sourire.

Il se baissa et aida son ami à se relever, tandis que les voix aiguës des elfes perçaient le tumulte.

Une flèche se ficha dans le bouclier que Verna portait sur le dos. L'ogresse prit le gnome dans ses bras et descendit le sentier.

– Assez parlé ! dit-elle. Courez maintenant !

Rollo avait de la peine à suivre. Il était faible et ses blessures lui faisaient mal. Grâce au sentier, les étrangers aussi bien que les villageois gardaient un bon rythme, mais les trolls et les ogres avaient de longues jambes et ils réussirent à devancer leurs poursuivants. Verna transportait le gnome, Pouillane protégeait Bedono, tout le monde s'entraidait. Toutefois, les flèches continuaient de siffler autour d'eux et Rollo devina qu'un grand nombre d'elfes étaient en train de se rassembler.

Le capitaine Masticor courait péniblement à côté de Rollo en renâclant.

– Ne pourrions-nous pas nous arrêter un moment et en assommer quelques-uns ?

– Mon vieil ami, dit Rollo, tu viens juste de me délivrer d'une mort certaine. Tâche de ne pas m'y renvoyer trop vite. Tu sais que ce ne sont pas eux les plus dangereux et, toi, tu connais celui qui est le plus vilain. Au Gouffre, nous devrons nous battre, je pense. Je ne vois pas ce que nous pourrons faire d'autre.

– Peux-tu voler ? demanda l'ogre.

Rollo haussa les épaules.

– Je peux à peine marcher en ce moment, et je veux rester avec mes amis… et avec Ridicula. Toute cette histoire est arrivée parce que je croyais faire une bonne action en sauvant Chipie !

Masticor lui jeta un regard furieux et grogna :

– Ta mère t'a-t-elle déjà dit qu'il vaut mieux ignorer les bonnes actions ?

– Oui, fit Rollo, en secouant sa tête laineuse.

– Eh bien, écoute ta mère, dit Masticor, en lui caressant la nuque.

Une flèche se ficha dans une branche près d'eux. Masticor poussa le jeune troll devant lui.

– Tu te reposeras plus tard. Maintenant cours !

Tandis que d'autres flèches fendaient l'obscurité, la bande dévalait le long du sentier. Un perroquet croassa et Ridicula le salua. Rollo suivit la file jusqu'à ce qu'il découvre qu'il foulait du gravier et des ronces. *Nous sommes au pied d'un rocher,* pensa Rollo, *probablement la grosse montagne qui s'élevait au bord du Gouffre.* C'est là qu'il avait passé plusieurs jours dans une toile d'araignée et la situation ne semblait guère plus facile aujourd'hui.

Il regarda Ridicula et ses amis, et constata que la vie n'avait jamais été aussi agréable. Ils avaient pensé à lui pendant tout ce temps et avaient parcouru tout ce chemin jusqu'au Gouffre pour sauver sa peau. Bombant le torse avec fierté, le jeune troll voulait remercier ses camarades quand une petite créature chatoyante de lumière voleta devant lui. Elle se plaça devant ses yeux et il put enfin distinguer la délicate silhouette.

– Bonjour, Rollo. Te souviens-tu de moi? demanda Chipie en faisant la révérence.

Le troll s'arrêta brusquement et Masticor, qui le suivait, lui rentra dedans.

– Qu'est-ce que c'est? demanda l'ogre.

Rollo se retourna mais la créature éthérée avait disparu. Le reste de la bande fonçait à l'assaut du rocher, laissant Rollo et Masticor en arrière. Soudain l'ogre et le troll entendirent un gros éternuement derrière eux et virent des silhouettes se profiler sous les arbres. Les elfes les suivaient; leurs éternuements trahissaient leur présence.

Quelqu'un agrippa le bras de Rollo et le fit pivoter sur ses talons. Le troll se retrouva nez à nez avec Ridicula.

– Que se passe-t-il ? demanda-t-elle d'un air intrigué.

– Il y a des elfes derrière nous.

Rollo entraîna la troll potelée dans un buisson.

– Chipie les a fait éternuer… pour les ralentir.

– Grouillez-vous ! chuchota le capitaine Masticor en les poussant vers la montagne. J'ai hâte d'arriver en haut.

Ils rejoignirent les autres, et la bande continua à gravir la montagne. Le long des rochers escarpés bordés de ronces, ils constatèrent que leurs poursuivants étaient hors de vue et s'affalèrent sous une corniche pour se reposer.

– Nous devrions continuer à avancer, insista le gnome.

Il jeta un coup d'œil à Rollo et lui sourit, montrant ses dents jaunies.

– Je m'appelle Mouchi. Je suis le neveu de Nabo. Je suggère de continuer parce qu'ils sont juste derrière nous !

– Qu'allons-nous faire au Gouffre dans l'obscurité ? demanda Ridicula. Nous risquons de tomber.

– Et qu'allons-nous y faire en plein jour? demanda Verna.

L'ogresse mince fixait Rollo et tous tournèrent les yeux vers le troll dépenaillé. Il ne savait pas pourquoi il était leur chef, car ses amis, en venant à sa rescousse, s'étaient montrés plus héroïques que lui. De son côté, il n'avait rien fait de mieux que de tout gâcher en se laissant capturer.

– Je sais! couina une petite voix.

Tous inspectèrent les alentours. Cette voix n'appartenait pas à un des leurs...

Un rayon de lune s'infiltra entre les arbres, se confondant avec la fée. Même si elle ressemblait à la fée qui était devenue son amie durant son premier séjour à Bois-Joli, une lueur maligne brillait dans son regard et elle avait perdu son air innocent.

– Si tu veux nous aider, dit Rollo, pourquoi ne rapportes-tu pas mon couteau?

– Ce n'est pas *ton* couteau, rétorqua la fée, d'un air hautain. Je te suis fort reconnaissante de m'avoir ramenée à la vie, Rollo, mais nous devons savoir exactement qui commande ici. Ce n'est ni toi ni moi. Le couteau noir est l'instrument du mage, et il est entre ses mains... jusqu'à ce que nous puissions le lui enlever sans danger. Mais nous en discuterons un autre soir. Maintenant nous devons conduire cette bande de braves dans un lieu sûr.

– Les elfes disent que tu es le diable, déclara Ridicula.

– Oh ! vas-tu croire ces vilaines rumeurs ? fit Chipie d'un air blessé. Ne vous ai-je pas conduits jusqu'ici ? N'ai-je pas fait tout ce que vous m'avez demandé de faire ?

La fée posa ses mains sur ses hanches fines et s'éleva à la hauteur du visage de Ridicula.

– Écoute-moi bien, espèce de gourde, tu sais quel genre de traitement te réservent les elfes ! Ils sont en train de tremper leurs flèches dans du poison. Sans mon intervention, vous seriez déjà morts. D'accord, la façon dont tu as sauvé Rollo m'a impressionnée. J'étais sur le point de laisser les elfes en faire un martyr. Maintenant il y a de bonnes chances que vous puissiez tous arriver chez vous sains et saufs si vous faites ce que je vous dis. Vous n'êtes qu'une poignée, alors ne combattez pas contre une armée d'elfes.

Rollo savait qu'elle avait raison, mais pouvait-il lui faire entièrement confiance ?

– Où est Styxus Rex ? demanda-t-il.

La fée haussa les épaules.

– Je ne sais pas au juste. C'est ma première mission en solo et je ne veux pas échouer.

– Je suis prêt à rentrer à la maison ! proposa Bedono.

– Un autre troll volant, dit Chipie avec un sourire espiègle. Impressionnant, mais en attendant d'atteindre le Gouffre, ça ne nous aide pas beaucoup. J'ai encore quelques affaires à régler. Les oiseaux s'occupent des fées. Je doute qu'ils attaquent au cours de la nuit, alors restez ici jusqu'au lever du jour. Rendez-vous au bord du Gouffre, vous n'aurez aucune difficulté à nous trouver.

– Nous ? fit Rollo d'une voix hésitante.

– Souhaitez-moi bonne chance ! lança la fée avant de s'envoler.

Rollo regarda ses amis d'un air las.

– Qu'en pensez-vous ?

– D'un côté, il y a des elfes assoiffés de sang, répondit Verna en secouant la tête, de l'autre un sorcier fou et sa goule de fée. Rollo, il s'agit de nul autre que le Styxus Rex que tu as tué il y a quelques semaines et il est peut-être fâché.

– Je sais une chose, je ne volerai pas avec les oiseaux une fois de plus, grogna le capitaine Masticor en donnant des coups de poing sur le sol. Je les affronterai et vous gagnerez du temps.

– Les elfes ont découvert un chemin qui conduit au fond du Gouffre, déclara Bedono.

– Penses-tu que les elfes nous laisseront le temps de le trouver ? demanda le capitaine Masticor.

Avec un grognement, le vieux guerrier sortit du creux de la caverne et se dirigea vers le bord de la corniche. Il se redressa et ajouta :

– Verna, tu prends le premier quart avec moi.

– Oui, mon capitaine.

Tout en faisant craquer sa peau et ses os, Masticor se glissa dans l'ouverture. Après avoir discuté durant quelques minutes, les ogres dévalèrent la colline et se dispersèrent dans diverses cachettes.

Sans prévenir, Pouillane surgit et poussa Ridicula contre la poitrine de Rollo, qui accueillit son corps moelleux dans ses bras. Avec béatitude, ils s'enlacèrent dans l'obscurité. Pouillane et Bedono firent de même. Les autres se creusèrent un trou dans la poussière.

Le troisième ogre secouait Rollo pour le réveiller.

– Dépêche-toi. Les elfes arrivent, insista Bariolo.

– D'accord.

Rollo cligna des yeux et vit qu'il faisait encore noir dehors. Il réveilla Ridicula. Elle avait dormi, recroquevillée près de lui. Puis ils aidèrent Bariolo à réveiller les autres.

Rapidement, les trolls et les ogres trébuchèrent, où le gnome montait déjà la garde.

– Dépêchez-vous ! souffla Mouchi. Ils ont découvert notre piste.

Une flèche se planta aux pieds de Rollo, confirmant ses dires.

Ridicula courut devant et Rollo suivit la file derrière elle. En glissant le long de l'autre versant, Rollo vit que la nuit n'était pas finie, mais que l'aube ne tarderait plus. Le ciel était gris ardoise à l'est et de plus en plus rose aux extrémités. Avec un peu de chance, ils parviendraient au bord du Gouffre en plein jour. Rollo ne savait toujours pas ce qu'ils feraient une fois rendus là-bas. Faire confiance à Chipie comportait une part de risque, mais ils n'avaient pas d'autre choix.

Ils pénétrèrent de nouveau dans la forêt touffue. À chaque pas, des lianes tentaient de les faire tomber et des branches les frappaient au visage. Quand Rollo tomba, Ridicula l'aida à se relever et, un instant plus tard, c'est lui qui lui donnait un coup de main. Mouchi fonça devant dans le but de trouver un autre chemin. Rollo pensait le reconnaître, mais tout se ressemblait dans cet océan de verdure. Il avait hâte de retrouver la boue toute simple de Crachoutos. Pourquoi avait-il cherché l'aventure ?

Comptant sur Mouchi et Ridicula, qui avaient le sens de l'orientation, ils eurent toutefois l'impression de marcher pendant des heures. Les ogres se protégeaient le dos avec leurs boucliers, ce qui était une bonne idée car les flèches continuaient d'inonder la forêt. Plus le soleil s'élevait, plus il y avait de flèches. Bariolo en reçut une dans le derrière, mais il ne le dit à personne et continua à courir jusqu'à ce qu'il tombe raide mort. Le poison agissait instantanément. Ses camarades n'eurent pas le temps de le pleurer. Ils ramassèrent son bouclier et continuèrent leur course.

– Oh, je veux me battre avec eux, grogna Masticor, brandissant le poing vers les archers tapis dans les sous-bois.

– Je suis certaine que tu en auras l'occasion ! cria Pouillane, en le dépassant. Où est cette fée volage ? Elle disait vouloir nous aider.

– Le bord du Gouffre est en vue ! annonça Mouchi qui courait en avant.

Ils quittèrent la forêt en passant sur une bande de terre sablonneuse qui embrassait une falaise comme si elle craignait de tomber. Plusieurs sentiers s'offraient à eux, mais tous aboutissaient dans les profondeurs humides du canyon. Ils s'attendaient à y voir des oiseaux ou à y trouver des marches, mais ils ne virent rien ni personne, juste le gigantesque jabot de la gorge.

Rollo s'efforça de ne pas regarder en bas parce qu'il se sentait trop faible pour voler. Et il n'allait pas abandonner ses camarades. Derrière eux, il entendit les elfes donner des ordres. Ceux-ci commençaient à s'aventurer à l'extérieur de la forêt. Ils se préparaient à attaquer la bande à découvert.

– Chipie ! cria Ridicula.

Elle fit signe à ses camarades de suivre le bord du gouffre, et d'essayer d'avancer.

– Fée, montre-toi !

Soudain le sol se mit à trembler, et un rot assourdissant se fit entendre, soufflant un air tellement putride qu'il rappela à Rollo sa maison. Tous se tournèrent dans la direction d'où provenait l'éruption et furent à nouveau secoués par le tremblement de la terre. Même les elfes avaient cessé de babiller.

Vieux Rot, le crapaud géant du sorcier, bondit vers le bord du canyon. Chevauchant le monstrueux amphibien, la petite Chipie l'éperonnait en vain quand il ne sautait pas assez vite. D'un dernier bond, le crapaud atterrit juste en face d'eux, et les fuyards purent contempler le large dos qui pouvait les transporter tous. Il se balança jusqu'à ce que sa tête noueuse s'élève hors du Gouffre.

– Peut-il traverser le Gouffre ? demanda Bedono avec inquiétude.

– Il a plus de chances que nous de le faire, répondit Verna.

Chipie voletait au-dessus de leurs têtes.

– Hé ! ce n'est pas le moment d'y penser ! Ils se préparent à tirer !

Rollo pivota sur lui-même et vit les elfes sortir de la forêt. Des rangs d'archers se déployaient le long du canyon et s'apprêtaient à lancer une volée de flèches meurtrières dans leur direction.

– Tout le monde à bord ! cria Rollo.

Les trolls, les ogres et le gnome grimpèrent sur le dos du crapaud visqueux, qui remarqua à peine ce nouveau poids. Pendant qu'il s'inclinait légèrement, tous s'agrippèrent à ses verrues et protubérances, saisissant à pleines mains les replis de sa peau. La fée volait au-dessus d'eux, hochant la tête avec satisfaction.

Si Chipie veut se débarrasser de nous, c'est le moment ou jamais, pensa Rollo avec inquiétude. Mais il ne croyait pas que Vieux Rot se sacrifierait lui-même pour exécuter un tel plan. Il n'était pas sénile à ce point. Soudain le crapaud tourna la tête et lâcha un rot monstrueux qui balaya les deux premiers rangs des archers. Plusieurs dégringolèrent dans le Gouffre tandis que d'autres détalaient pour se mettre à l'abri. Mais d'autres sortaient encore de la forêt pour les remplacer.

– Allons-y maintenant, puisque nous devons partir ! cria le capitaine Masticor.

Chipie semblait d'accord, et elle jeta de la poudre magique au crapaud grincheux. Aussitôt, l'amphibien s'accroupit comme s'il rassemblait toutes ses forces. Ses muscles puissants ondulèrent sous sa peau rude et Rollo sentit que l'air raréfié du Gouffre se remplissait de gaz. Même les elfes s'interrompirent pour regarder ce spectacle qu'ils raconteraient plus tard à leurs petits-enfants, récit qui serait transmis de génération en génération.

Assis à côté du roi troll, Ridicula, Masticor et les autres étaient nerveux, attendant le départ de la chevauchée sauvage. Rollo crut entendre le doux babil de Chipie, mais il eut beau regarder les alentours, il ne voyait pas la fée.

Tout à coup le crapaud se gonfla comme s'il prenait une profonde inspiration, et tous ses muscles se durcirent. Ses jambes incroyablement longues et puissantes se détendirent et l'animal décolla, s'élançant dans les airs, planant au-dessus du canyon humide. Rollo ne savait plus s'il criait lui-même, mais il entendait la plupart de ses camarades hurler à la mort.

Le vent les faisait dévier. Ridicula enfonça ses griffes dans la fourrure de Rollo ; de l'autre patte, elle se cramponna à une des verrues du crapaud.

– Tu sais, dit-elle, tu n'es pas obligé de m'épouser. Je voulais juste te sauver.

Rollo se mit à rire nerveusement en tentant de ne pas regarder en bas.

– Je ne suis pas certain qu'on puisse appeler ça être sauvé !

Ridicula se mit à rire elle aussi, et Rollo passa un bras autour de ses épaules.

– Quoi qu'il arrive, je ne me sentirai pas en sécurité sans toi, dit-il d'une voix rauque.

Ils suivaient le vent, mais il n'y avait rien à voir sauf le ciel bleu et le dos du crapaud. Peu à peu ils planèrent et redescendirent, dépassant la crête d'où ils avaient décollé. Rollo surveillait leur descente du côté de Crachoutos. En apercevant la falaise dont ils s'approchaient, le jeune troll s'exclama :

– Nous n'allons pas réussir à atterrir de l'autre côté !

Ils se mirent tous à crier : quatre trolls, deux ogres et un gnome qui s'appelait Mouchi. Qui n'aurait pas crié en les voyant sur le dos d'un crapaud monstrueux en train de plonger dans un gouffre ? Ils avaient entrepris cette aventure en rêvant de traverser de l'autre côté et maintenant ils piquaient du nez vers le fond. La seule qui riait, c'était

Chipie, roucoulant comme un pigeon à côté d'eux.

Tandis qu'ils dégringolaient en hurlant et en s'agrippant les uns aux autres, Vieux Rot s'aplatit comme une soucoupe. De larges pans de peau sortirent de ses flancs, happés par un courant d'air chaud, et le crapaud reprit de l'altitude. L'estomac de Rollo se retourna au cours de la manœuvre, mais il poussa un cri de joie en chœur avec les autres.

Maintenant ils sillonnaient le canyon, et même s'ils avaient chuté trop loin pour atteindre l'autre côté, ils survivraient à cette descente graduelle. Tous poussèrent un soupir de soulagement. Rollo et Ridicula se détachèrent l'un de l'autre à regret.

Un nuage noir passa au-dessus d'eux, et Rollo vit un énorme oiseau, ou une créature ailée, s'évanouir par-dessus le mur et plonger vers Crachoutos.

– As-tu vu ça? demanda-t-il à Ridicula.

– Quoi? cria-t-elle.

– Laisse tomber…

La force du vent couvrait sa voix; il n'y avait pas grand-chose à voir au cours de la descente. De larges strates de pierre striaient les parois du canyon, révélant d'innombrables pages d'histoire. Ils s'enfonçaient de plus en plus profondément. L'air devenait plus sombre et la seule lueur qu'ils distinguaient était celle du feu rougeoyant en dessous d'eux.

– Je vois un serpent de feu en bas ! cria Rollo.

– Ce n'est pas un serpent, répondit Ridicula en riant. C'est une coulée de lave provenant du volcan !

Rollo posa son museau près de l'oreille de Ridicula, ce qui ne semblait pas l'incommoder.

– Tu es déjà descendue là-dedans auparavant ?

– Oh, oui, fit-elle. Et il y a un sentier pour remonter vers Crachoutos. Mais il faut que nous fassions atterrir le crapaud du bon côté !

Même au crépuscule, le fond du canyon était impressionnant avec ses coulées de lave en fusion, ses énormes rochers noircis et sa végétation calcinée. À un moment donné, ils volèrent au-dessus de personnages qui gravissaient les rochers, et tout le monde cria en même temps, reconnaissant les vilaines créatures.

– Les méchants elfes ! tonna Mouchi.

La plupart des elfes couraient vers un abri, mais quelques-uns étaient immobiles et regardaient le crapaud géant passer devant eux. L'un d'entre eux tira une flèche en direction de la bête, la ratant de plusieurs mètres.

– Est-ce que ce sont les elfes qui ont envahi Crachoutos ? demanda Rollo.

Alors qu'ils atteignaient le niveau du sol, le vent n'était plus aussi fort et ils pouvaient s'entendre parler.

– Oui, répondit Ridicula, d'un air embarrassé. Ils cherchent un trésor, ajouta-t-elle en faisant papilloter ses longs cils. Oh, c'est vrai, tu ne sais rien du vieux roi troll ni du sorcier Batmole. Et rien à propos du marché qu'ils avaient conclu et du trésor qui s'est perdu ici ?

– Non ! dit Rollo avec enthousiasme. Le vieux roi troll a-t-il vraiment existé ? Raconte-moi, s'il te plaît !

Ridicula lui raconta l'histoire du sorcier Batmole, qui jouait avec les éléments et qui avait été embauché pour créer le Gouffre en provoquant des éruptions et des inondations. Et comme il n'avait pas été payé, puisque le trésor du vieux roi avait été volé, les sorciers s'étaient unis pour prendre Crachoutos, jetant dehors le vieux roi et réduisant les trolls à l'esclavage.

– Et depuis ce temps, conclut-elle, les elfes sont à la recherche du trésor.

– Ainsi c'est donc vrai ! fit Rollo, l'air émerveillé. Toutes les histoires idiotes que racontait mon père étaient vraies.

– Préparez-vous à atterrir ! cria le capitaine Masticor.

Rollo jeta un regard par-dessus les membranes de Vieux Rot qui s'agitaient dans l'air, voyant avec soulagement qu'ils étaient du côté de Crachoutos. La rivière de lave donnait à la gorge une lueur rouge féerique et ressemblait au Morne Marais durant le Festival de la sangsue.

En se balançant d'avant en arrière, Vieux Rot se prépara à atterrir. *C'est un bon angle,* pensa Rollo, mais quand le crapaud géant heurta le sol, une douzaine de geysers s'activèrent et la terre trembla. En hurlant, Pouillane tomba dans une flaque de lave. Ses vêtements prirent feu tandis qu'elle sautillait. Elle finit par étouffer les flammes en se roulant sur le sol.

Chipie volait au-dessus du site d'atterrissage. La fée les contempla et leur fit entendre son rire espiègle.

– Vous êtes dans un état lamentable, dit-elle. Ne vous inquiétez pas, il ne vous reste plus qu'à trouver les marches et vous serez chez vous ! Je vais éloigner les elfes !

Elle décampa aussitôt.

– Nous avons réussi ! cria Bedono, en levant les bras. Nous avons sauvé Rollo et nous serons accueillis comme des héros.

– Et Rollo sera notre roi, ajouta Ridicula, en lui serrant le bras.

Elle éprouvait une joie mêlée de tristesse en songeant que c'était la fin de l'aventure. Rollo ressentait une semblable nostalgie, car bien qu'ils fussent sains et saufs, ils auraient encore bien d'autres problèmes à régler.

– Ces elfes, grommela Masticor, en frappant son poing dans la paume de sa main. J'aimerais qu'on leur règle leur compte avant de partir.

– Laissons la fée s'en occuper, dit Verna. Elle semble prendre plaisir à leur jouer des tours. Et nous devrions être fiers, nous avons accompli notre mission.

– Et le trésor? fit Mouchi en regardant Rollo d'un air timide. Il appartient aux trolls et à leur roi.

– Il n'est pas question de parler d'un roi avant le couronnement, insista Pouillane. Et cette fois, tu ne t'enfuiras pas, frérot.

– Non, je ne m'enfuirai pas, promit Rollo avec un sourire plein de gratitude. Et Styxus Rex?

– Il est resté à Bois-Joli, pas vrai? demanda Bedono. C'est ce que l'oiseau a dit.

Rollo contempla les plantes tordues et la rivière rouge en fusion.

– Laissons les elfes chercher le trésor, déclara-t-il. Ils le cherchent depuis des centaines d'années, alors un peu plus ou un peu moins longtemps, ça n'a pas d'importance. Nous devons rentrer à la maison et voir ce qui est arrivé à nos familles et à notre village.

Avant de se remettre en marche, Rollo s'immobilisa et examina la bande composée des trolls, des ogres et du gnome. Ils étaient tous débraillés et sales.

– Je veux simplement vous remercier, mes camarades, dit-il d'une voix faible. Je n'ai jamais pensé que vous traverseriez le Gouffre pour venir me sauver. Vous avez résisté aux elfes, aux fées et aux flèches empoisonnées. Vous êtes les meilleurs amis qu'un troll puisse avoir.

– Tu as bien fait ça! répondit Bedono, au milieu des éclats de rire.

– La plupart des trolls n'ont même pas d'amis! ajouta Masticor. Mais toi, tu en as plusieurs, dont une amie particulièrement remarquable. Elle n'a pas cessé de nous encourager à ne jamais abandonner la partie et, sans elle, tu serais devenu une pelote d'épingles. C'est ta future reine, Ridicula. Sans elle, jamais je n'aurais accepté de voler dans ce canyon suspendu aux ailes d'un oiseau!

– Je vois, fit Rollo, en passant son bras autour des épaules de la jeune troll qui l'avait sauvé.

Il se souvenait de l'époque où il la suivait partout, craignant même de lui dire bonjour. La graisse de bébé de Ridicula avait fondu au cours de leurs épreuves. Ses joues n'étaient plus aussi rondelettes qu'auparavant, mais elle semblait plus rayonnante que jamais.

– Si nous avons un roi, nous devons avoir une reine, annonça-t-il.

Ils poussèrent tous des acclamations de joie et la voix de Pouillane couvrit celle des autres.

– Allons, cria la sœur de Rollo, ramenons notre roi et notre reine à la maison avant qu'il n'arrive autre chose !

Puis la bande d'amis s'éloigna de la lumière rougeoyante du Gouffre, tous marchant bras dessus, bras dessous.

AGMV Marquis
MEMBRE DE SCABRINI MEDIA
Québec, Canada
2005